教出

有出息

的女孩

家庭趣味教子

周婷 编著 王玥 绘

江西教育出版社
JIANGXI EDUCATION PUBLISHING HOUSE

图书在版编目（ＣＩＰ）数据

家庭趣味教子. 教出有出息的女孩 / 周婷编著；王玥绘. -- 南昌：江西教育出版社, 2019.5

ISBN 978-7-5705-0879-2

Ⅰ. ①家… Ⅱ. ①周… ②王… Ⅲ. ①女性－家庭教育 Ⅳ. ①G78

中国版本图书馆 CIP 数据核字(2018)第 295443 号

家庭趣味教子

教出有出息的女孩

JIAO CHU YOU CHUXI DE NÜHAI

周婷　编著　王玥　绘

江西教育出版社出版

（南昌市抚河北路 291 号　　邮编：330008）

各地新华书店经销

江西新华九江印刷有限公司印刷

720 毫米×1000 毫米　　16 开本　　10.5 印张　　字数 160 千

2019 年 5 月第 1 版　　2019 年 5 月第 1 次印刷

ISBN 978-7-5705-0879-2

定价：26.00 元

赣教版图书如有印装质量问题，请向我社调换　电话：0791-86710427

投稿邮箱：JXJYCBS@163.com　　　　电话：0791-86705643

网址：http://www.jxeph.com

赣版权登字-02-2019-083

　　每一个拥有女孩的家庭，都希望能够教出有出息的女孩。她自信、懂事、举止优雅，能够满足爸爸妈妈理想中对女儿的所有幻想。然而，现实生活常常事与愿违，有的爸爸妈妈费尽了心血，结果教出的女孩却举止粗鲁、自私任性、以自我为中心，还沾染了一身毛病，让爸爸妈妈恼火不已，也不知道该如何管教女孩。

　　之所以会出现这样的问题，主要还是因为家庭教育出现了偏差。很多爸爸妈妈初为父母，可能自己在心理上还不太成熟，却要努力承担起教育女孩的重任，必然会出现这样或那样的问题。再加上女孩的健康成长、好习惯的养成、潜能的开发、学习能力的培养等各种工作更是千头万绪，常会让爸爸妈妈产生不知从何处入手的感觉。

　　为了教出有出息的女孩，爸爸妈妈需要了解女孩的成长规律、心路历程和内心需求，更需要一系列科学的方法和有效的案例作为参考。这些方法和案例不能是生硬的教条化的教育理论，否则既不便于为人父母者学习，也不利于实际操作。正是因为这些原因，我们编写了这本书。本书对现实生活中常见的女孩教育各种中的现象、问题进行了深入的思考，并结合女孩自身的生理、心理特点，重点择取了她成长过程中常会遇到的若干个问题，从细节入手，深入浅出地进行了教育方法的解析。这些方法包括培养女孩的自信心、培养女孩的良好品质，教会女孩正确的审美，增强安全保护意识、改进学习方法，克服不良习惯、学会控制情绪等多个方面，从多个角度帮助爸爸妈妈了解和学习如何培养有出息的女孩。这些方法虽然看似各不相同，但其实都秉承了一个共同的原则，那就是对女孩既不能娇惯，也不能打骂，更不能贬低、讥讽。总之通过合理的教育方式来激发女孩的内动力，让她受到良好的影响，并学会自我成长。

另外，本书为了增加阅读的趣味性和实用性，每节都配有贴合生活实际的四格漫画故事，能够引发爸爸妈妈对教育方法的反思，可以让爸爸妈妈在阅读后能有所收获。

阅读本书后，爸爸妈妈可能会发现，成功的家庭教育并没有想象中的那么复杂。最后，祝愿阅读本书的父母，在未来的日子里能够培育出有出息的女孩，能够以自家的优秀女孩为傲！

第八章 爸爸妈妈，请听听我的声音　　141

第一章

Chapter 1

我的自信又回来了

- 我不够完美
- 我唱得不好……
- 一说话就脸红
- 我可以吗
- 把想法大声说出来
- 爸爸妈妈，看我的
- 对自己说一句：我能行
- 选我，选我，我要当班长

▶ 我不够完美

① 怎么不是100分，真不完美！

为什么不是第一名，真不完美！

②

恭喜你！你表现得很棒！

不，我表现得不够完美！

③

为什么一定要追求完美，我觉得努力过就好。

④

　　追求完美，无法容忍缺陷的性格可以说是一把双刃剑它一方面能够激发女孩的上进心，让她愿意为变得优秀而更加努力；但另一方面，追求完美到了苛刻的程度，就会走向极端，会让女孩无法接受"不完美"的情况，使她陷入情绪的困扰之中而难以自拔，严重时可能会引发心理问题。

　　为了避免女孩走向过分追求完美的极端，爸爸妈妈应注意以下几个方面：

1

教会女孩正确看待"不完美"。当女孩遇到"不完美"的情况而情绪低落时，爸爸妈妈可以抽时间和女孩谈心，对她的感受要表现出足够的宽容和理解，使她能够获得一些心灵上的慰藉，以减轻"不完美"带来的强烈的挫折感；之后，爸爸妈妈应当提醒女孩不要过分重视结果，更不必为一时的不如意而唏嘘哀叹。事实上，即使结果并不完美，其中也可能蕴藏着积极的因素，爸爸妈妈可以和女孩一起分析，帮助她发现自己的进步；另外，爸爸妈妈要帮助女孩将注意力转向过程，要对她之前付出的努力加以充分的肯定，这样更有助于女孩摆脱消除、沮丧的情绪，重新找回继续前进的动力。

2

帮助女孩重新树立评价自己的标准。俗话说："金无足赤，人无完人。"在这个世界上，本来就不存在绝对的完美。如果女孩总是习惯用完美、苛刻的标准来要求自己，就会给自己带来太大的心理压力，甚至有可能让女孩对自我价值产生怀疑，认为自己"无能""差劲"……为此，爸爸妈妈应当及时提醒女孩学会正视自己的实际情况，并与她一起分析她身上存在的优点、缺点。在此基础上，爸爸妈妈可以帮助女孩树立起一种合情合理、符合实际的标准。同时还要教会女孩自我肯定和鼓励的方法，如对着镜子大声喊"我很棒！""我能行！"，通过这样的自我暗示来提升自信心，减缓"不完美"带来的心理压力。

3

爸爸妈妈以身作则，停止苛求女孩。爸爸妈妈应当改变"追求尽善尽美"的教育理念，在生活中不要动不动对女孩提出过高的要求或制定各种各样的规矩，如规定女孩必须"笑不露齿"等，而在她没有做到时就大发雷霆或是反复地唠叨女孩的问题，这些做法会让女孩感觉到压抑。久而久之，她就容易变得自卑，总觉得自己不够完美。所以，爸爸妈妈应当停止对女孩的苛求，要学会赏识自家的女孩，多给她一些宽容和鼓励。同时爸爸妈妈自己也要注意，遇事不可表现得过于争强好胜，以免成为女孩模仿的"坏榜样"。

▶ 我唱得不好……

爸爸妈妈可能会发现，自家的女孩有缺乏自信、不敢在人多的场合表现自我的问题。之所以会出现这样的情况，有很大的可能是因为女孩担心自己表现得不好，会被别人笑话、被爸爸妈妈批评，所以她会出于自我保护的心理，找"我做得不好""我不行"这样的借口来逃避。

对于女孩的这种心理，爸爸妈妈应该给予充分的理解。在女孩不敢表现自我的时候，爸爸妈妈不要急于对她进行催促或批评，而是可以从以下几个方面出发，想办法引导女孩变得大方、自信起来。

1

用鼓励的话语代替训斥和指责。在女孩当众表现的时候，有的爸爸妈妈可能会因为急躁而对女孩施加过多的压力，甚至当着众人的面训斥女孩。这样不仅会严重刺伤女孩的自尊心，还会让女孩产生恐惧的心理，以后再遇到需要自我表现的机会，她可能会变得更加退缩。为此，爸爸妈妈应当注意控制自己的情绪，注意说话的方式和语气，坚决避免使用"你真没出息""你还不如弟弟妹妹"这样的打击性语言，而应当用鼓励的话语帮助女孩建立自信，比如在女孩说自己唱得不好的时候，可以这样鼓励她："妈妈听过你唱歌，很好听，现在不要紧张，就像平时练习时那样唱……"

2

爸爸妈妈发挥带头作用。有的时候，仅仅只是鼓励还不足以让女孩克服胆怯、紧张的情绪，那么爸爸妈妈也可以发挥一下带头作用，自己先落落大方地表演一番，用自信的表现让女孩受到感染，从而带动她变得积极、大胆起来。爸爸妈妈还不妨主动"露怯"，故意表现得有些拙劣的样子，这样做不仅能够让女孩感觉更加放松，还能够激发起她的好胜心，使她更加愿意主动表现自我。

3

平时多给女孩一些表现的机会。除了鼓励女孩大胆表现自我外，平时爸爸妈妈也要注意审视自己的教育方式和家庭环境，及时改正一些不合理的地方。比如，爸爸妈妈平时工作繁忙，忽略了与女孩互动谈心，在缺少交流的环境中，女孩无形中会失去很多锻炼和表现的机会；还有一些爸爸妈妈因为过于担心女孩的安全，所以常常限制女孩外出参与社交活动，造成女孩人际交往的能力较差，这也会造成女孩不够自信，不敢表现自我。所以，爸爸妈妈要注意多给女孩一些表现的机会，让她大胆讲述自己的所思、所想，并在她做才艺表演时扮演好忠实"粉丝"的角色，适当对她赞美，让她产生愉悦感、成就感，那么她就会更加乐于表现自我了。

一说话就脸红

脸红是由于紧张、激动、羞涩等情绪刺激人体交感神经，促使某些激素分泌增加，使得心跳加快、毛细血管扩张，从而出现的一种正常的生理反应。有的女孩因为缺乏自信，特别重视他人对自己的评价，因而会对脸红格外在意，结果反而让脸红的问题越来越严重，以至于一说话就脸红、吞吞吐吐、结结巴巴，久而久之，可能会发展为一种叫作"赤面恐惧症"的心理障碍，严重影响正常的人际交往。

为了帮助女孩克服一说话就脸红的毛病，爸爸妈妈应当帮助女孩多进行一些心理训练。

1

不要为脸红而焦虑、苦恼。爸爸妈妈可以和女孩谈一谈引起脸红的生理原因，让女孩能够正确看待脸红这个问题，使她不必再为脸红而感到焦虑、苦恼。在脸红的时候可以采取顺其自然的态度，不用刻意地去抗拒或掩饰它，从而逐渐消除对脸红的畏惧和担心，避免落入"越怕脸红就越脸红"的恶性循环。

2

不要太在意别人的看法。对于爱脸红的女孩，爸爸妈妈还要引导她理性看待他人的评论，保持良好的心态，不要因为被批评、被嘲笑而紧张，也不要因为被赞美、被表扬而害羞。要知道，在世界上并不存在十全十美的人，一个人

也不可能做到让所有人都喜爱、赞美。女孩要学会冷静面对负面看法，并把这当成是一种鞭策，将其转变为完善自己的动力，这样女孩就不会再被别人的看法所左右而感觉无所适从了。

3

学会让紧张的身心放松下来。在女孩出现脸红、紧张的情况时，爸爸妈妈还可以教给她一些放松弛身心的方法。比如可以进行深呼吸让自己放松，然后试着去看对方鼻子偏上方的位置，而不要直视对方的眼睛，这样就能有效减少紧张、脸红，同时也不会让对方感觉不够礼貌。另外，爸爸妈妈还可以教给女孩一些转移注意力的方法，比如在说话时把注意力集中到屋内的摆设、墙面等等，让自己能够暂时"逃离"紧张的气氛。

4

学会提升和强化自信心。引起脸红的关键原因还是女孩缺乏足够的自信，对此爸爸妈妈可以和女孩多沟通，帮助她分析自身的长处，让她逐渐改变对自己的看法。比如女孩朗读能力很强，但一到课堂上朗读就会脸红、结巴，爸爸妈妈可以多鼓励她在人前朗读，给她创造一些表演的场合，并逐渐增加听众的人数，使她在赞美、鼓励声中变得越来越自信，脸红、紧张的问题也会逐渐得到缓解。

我可以吗

①

去试试就知道了。

我可以吗？

②

我可以的！

你真棒！

③

来试试吧！

我可以吗？

④

你太棒了！

我可以的！

　　在生活中，有的女孩经常因为不相信自己的能力，而不敢去尝试一些新鲜的事物或活动，她们害怕会遭遇失败的结局，所以表现出犹豫、退缩的情况。"我可以吗？"这样的问句能够反映出她们还是有尝试和探究的渴望的，如果爸爸妈妈能够在这时候给她们一些"推力"，鼓励她们去尝试一番，就能够带给她们不少勇气。而当女孩品尝到成功的喜悦后，就会变得越来越勇敢、积极，也能够摆脱不自信的问题了。

　　在这个过程中，爸爸妈妈需要注意做好以下几个方面：

1

创造机会让女孩主动解决问题。自信是在不断实践中锻炼出来的，如果爸爸妈妈过于保护女孩，总是不给她主动实践的机会，甚至连一些女孩力所能及的小事都要代劳，那么女孩就会变得越来越不主动、不自信。所以，爸爸妈妈要注意多为女孩创造一些锻炼的机会，难度要设置得合理一些。比如可以让女孩独立完成"为自己挑选衣服"的任务，无论是衣服的颜色还是款式都由她自己做主，哪怕选出的结果爸爸妈妈并不满意，也不要随意地否定女孩的尝试。

2

鼓励女孩战胜困难。女孩在进行尝试的过程中，会遇到各种各样的困难的。这时候爸爸妈妈不要急着帮忙，而是应当鼓励女孩自己想办法，靠自己的力量解决困难。这样问题一旦解决，她就会获得一种强烈的成就感，这会让她变得更加勇敢和自信。当然，如果女孩确实遇到了难以解决的困难，爸爸妈妈也可以从侧面给出一些指点，引导女孩找到解决问题的正确方向。

3

对女孩的努力予以充分的肯定。对于女孩的尝试，爸爸妈妈不要吝惜自己的赞美，要放低姿态，用心体会女孩能够做这件事是多么的不易，从而可以发自内心地表达对她的肯定。同时爸爸妈妈要注意把肯定的话语说得具体一些、真实一些，不能过于空洞，也不要过分夸大，这样女孩更容易接受，而且更容易产生自豪、愉悦的情绪。慢慢地，她就会变得更加自信，也会更加愿意进行各种尝试了。

4

跟女孩一起正视失败。尝试不一定每一次都能成功，爸爸妈妈要及时地引导女孩走出失败的阴影，以免她对这件事情产生恐惧感，以后再也不敢尝试。

爸爸妈妈可以和女孩一起分析失败的原因，从中总结经验教训，接着找到正确的方法，再进行一次甚至多次尝试。在这个过程中，无论是女孩自己还是爸爸妈妈，都应当清楚成功并不是唯一的目标，在尝试中找到勇气、找到自信才是问题的关键。

把想法大声说出来

　　女孩不敢大胆地说出自己的想法，是一种缺乏自信的表现。而这种情况出现，也反映出爸爸妈妈平时和女孩沟通不够，使她不敢向爸爸妈妈敞开心扉，表达自己的看法、意见。这一问题的存在一方面会影响亲子关系的融洽，增加教育的难度；另一方面则有可能让女孩变得自卑、消极、胆怯，不利于健康人格的形成。所以，爸爸妈妈应当多给女孩一些尊重和帮助，让她变得勇敢和自信起来，可以大声地说出自己的想法。

1

　　对女孩的想法表现出兴趣。爸爸妈妈要多留心女孩的日常表现，在她缺乏自信不敢说出想法的时候，可以主动问询，但注意态度一定要亲切、和蔼，以便让女孩放下防备，能够将心中所想慢慢地说出来。在女孩说出想法的时候，爸爸妈妈一定要表现出很感兴趣的样子，这会让女孩更有亲切感。爸爸妈妈千万不要一边听女孩说话，一边做自己的事情，如玩手机、看电视等等，这样只会让女孩感觉不被重视，会让她更加不愿说出想法。

2

　　少插嘴，多给女孩话语权。有不少爸爸妈妈在与女孩沟通的时候，总习惯于扮演权威的角色，经常随意打断女孩的话，对女孩给出这样或那样的指教，殊不知这样做会让女孩慢慢关闭心扉，不愿再与爸爸妈妈交流。所以在女孩说出自己的想法时，爸爸妈妈不要急于发表看法，可以先平和、理性、耐心地倾听，多给女孩一些话语权，她才能学会畅所欲言。

3

　　尊重女孩的意见和看法。女孩不敢说出自己的想法，有很大一部分原因是担心说错话而受到爸爸妈妈的批评。这也提醒了爸爸妈妈平时要多给女孩一些尊重，不能把自己的是非观念强加在她身上，让她产生压力，甚至使她逐渐习惯隐藏自己的真实想法。爸爸妈妈应当尽量站在女孩的角度，理解她的思维方式，对于她说出的心里话，哪怕有时感觉荒唐，也不能随意指责，而应当耐心地进行开导，使她既能够认识到自己的错误，又不会失去对爸爸妈妈的信任。

4

鼓励女孩参加家庭事务的讨论。爸爸妈妈应当真正把女孩视为一个有独立人格的家庭成员，不能因为她年龄小、阅历浅就忽视她的意见，而应当经常性地鼓励她参与到家庭事务的讨论中来。家中有什么大小事情，爸爸妈妈都可以问一问女孩有什么想法，并且在决策时也可以适当参考一下女孩的意见，这样才能够营造出平等、和谐的家庭氛围，使得亲子关系更加融洽，女孩也会变得更加自信，会更加乐于与爸爸妈妈沟通，说出自己的"小心思"。

爸爸妈妈，看我的

随着女孩年龄的增长，她的自主意识开始发展，常常希望能够为爸爸妈妈做一些事情，喜欢用"看我的"来展示自己的能力，而这也是一个培养女孩信心的好时机。爸爸妈妈在遇到这样的情况时，一定不要急于阻止女孩，可以在确保安全的前提下，鼓励女孩帮忙，在她完成任务后，再给予她一些真诚的赞美，让她为自己感到骄傲。这样做不仅有利于树立起女孩的自信心，还能够锻炼她的动手能力和生活自理能力，可谓一举多得。

1

　　引导女孩从身边的小事开始锻炼。女孩虽然有帮忙的意愿，但也不是什么事情都适合让她锻炼的。爸爸妈妈可以根据她的实际能力为她安排一些力所能及的小事，比如可以让她帮忙做浇花、扫地、擦桌子、整理物品这类难度较低又不危险的家务活。在女孩开始行动之前，爸爸妈妈还可以给她做个示范，让她更容易上手，积极性也会更高。

2

　　给女孩准备合适的工具和责任区域。爸爸妈妈还可以专门采购一些轻便小巧适合女孩使用的喷壶、扫把、铲子等工具，把它们作为礼物送给女孩，使女孩使用起来更加顺手、方便。同时，爸爸妈妈还可以在家中为女孩划分一块专门由她负责清理打扫的区域，这会让她感受到自己的重要性，对于自信心的培养很有帮助。

3

对女孩进行适度而真诚的表扬。女孩愿意帮忙做事，爸爸妈妈应当给予充分的肯定，而且这种肯定和表扬要尽量具体且符合实际。比如，女孩帮忙收拾了房间，爸爸妈妈不要只是简单地说上一句"你真棒"，而是应该实事求是地进行点评："现在房间变得整齐多了，玩具都回到玩具箱了，除了两张卡片还在地上，其他地方都做得很好。"这样女孩既能为自己的成果感到自豪，也能够意识到不足之处，下次就会做得更好。

4

不要急于责备帮倒忙的女孩。女孩毕竟年龄还小、能力也有限，有很多时候可能会让帮忙做事变成了帮倒忙，甚至还会留下一堆烂摊子等着爸爸妈妈清理。对于这种情况，爸爸妈妈不要急于责备，以免挫伤女孩的自尊心和自信心。爸爸妈妈应当给予女孩足够的宽容和耐心，在她帮倒忙的时候，可以给予适当的指导，帮助她找到正确处理问题的方法。

对自己说一句：我能行

在成长的过程中，遭遇挫折和失败是在所难免的，但是有的时候，女孩往往会因为挫折而产生消极的自我评价、深度的自我质疑，并会因为惧怕再次

遭遇挫折而出现逃避现状、放弃努力的行为。在这个时候，爸爸妈妈一定要及时帮助女孩驱散负面情绪，扭转负面思维，让她重新找回自信，使她改变态度，坚定地相信"我能行"。

1

　　引导女孩形成积极的自我概念。所谓积极的自我概念就是要让女孩从认为"我不行"到相信"我能行"。要做到这一点，就需要爸爸妈妈在女孩遭遇挫折试图放弃的时候，不是对她进行指责或抱怨，而是多说一些诸如"你能行""你能做到"这样的话语，并且态度一定要坚定，以便将一种积极的力量传递给女孩，使她从自我否定和自我怀疑中挣脱出来，开始认真地为了改变现状而努力。

2

发现女孩进步的点滴并予以肯定。在女孩为了追求进步而努力的过程中，爸爸妈妈要有一双善于发现的眼睛，只要看到了女孩点滴的可喜变化，就要给予应有的鼓励。比如爸爸妈妈可以这样对女孩说："你看，以前你觉得自己不行、做不到的事，其实并没有那么难，你已经有进步了，现在只要坚持下去，就一定会成功的！"这样的肯定和鼓励能够让女孩感觉到自己的努力是有效果的，也能够增强女孩的自信心。

3

随时巩固女孩的自信心。当女孩因为不断进步而逐渐摆脱自卑，树立起自信的时候，爸爸妈妈千万不要有大功告成的心理。要知道，为女孩巩固自信心是一个需要长期坚持的过程，特别是对于容易因挫折而灰心丧气的女孩，就更应当时时关注、经常鼓励，多给她创造一些能够获得成就感的体验，比如可以给她安排一些难度适宜的任务，在她完成后给予表扬，等等。这样才能为女孩提供持久的良性推力，让她变得更加自信、更加优秀。

选我，选我，我要当班长

向别人推荐自己是一种非常好的培养自信的方法。通过自荐，能够让更多的人了解到自己的长处，使自己能够脱颖而出，获得更多表现才华的好机会。所以爸爸妈妈不妨鼓励女孩在类似竞选班干部、少先队委员的时候大胆地自荐，

这不仅会让女孩变得更加自信、从容，也能够让她的各项能力在管理班级事务的过程中获得飞速提升。

1

经常让女孩说说自己的优点。爸爸妈妈平时可以多让女孩说一说她自己的优点、已经掌握的本领或取得的成绩。在女孩表述的时候，要给予积极的回应。比如"你的作文写的真好，文笔很流畅""你在围棋比赛上拿到了第三名，真是太棒了"等等，这会让女孩感觉受到了肯定，也会让她对自己的长处有更加清楚的认识，有助于增强她的自信心，她在自荐的时候也能够抓住这些长处尽情发挥。

2

鼓励女孩大胆自荐。爸爸妈妈可以给女孩讲一讲《毛遂自荐》的历史故事，告诉她毛遂就是一个富有才华而又充满自信的人，并教育她应当学着培养这种自信。一个人哪怕是拥有满腹的才华，也不能坐等着别人来发现自己，而是要像毛遂一样主动地站出来向别人推荐自己，这样才有可能让自己获得展现才华的舞台。

3

教给她一些自荐的技巧。女孩在向别人推荐自己的时候，可能会遇到别人不信任、不接受的情况，这个时候就需要爸爸妈妈教给她一些自荐的技巧。比如在自荐时，不能总是滔滔不绝地说自己的优点，那样可能会引起别人的反感，觉得女孩是在"自我炫耀"，是"出风头"，所以在陈述优点之后也要适当说一说自己目前存在的不足，同时重点说明以后努力的方向，这样就会得到更多的认可。比如爸爸妈妈可以教女孩在自荐班长时这样说："我的学习成绩很好，我爱劳动，爱帮助同学。不过我也有一个缺点，就是有时上课爱说话。我已经认识到自己的错误，下决心改正，请老师和同学们监督我。"

当然，自荐不一定每次都能获得成功。爸爸妈妈要注意的是，在女孩自荐失败的时候要及时对她进行开导和安慰，避免失败的经历在她心中留下阴影，伤害到她的自信心和自尊心，使她以后再也不敢进行类似的尝试。在这种情况下，爸爸妈妈可以用"失败是成功之母"的道理鼓励女孩，让她重拾自信心，并总结经验教训，在下一次机会来临的时候争取获得成功。

第二章
Chapter 2

做个懂事乖乖女

- 我是贴心小棉袄
- 说话得体更受人喜爱
- 我不害怕吃苦
- 懂得分享会有更多快乐
- 拥有一颗感恩的心
- 对别人要宽容一些
- 做错事要诚恳道歉
- 有公德心的女孩最受欢迎
- 精神"富养"才能养出懂事女孩

我是贴心小棉袄

宝贝，到底怎么回事啊？

爸爸不要吵，妈妈生病了，正在休息。

②

①

宝贝，妈妈去哪里啦？

嘘，爸爸你小声点。

好多了，幸好有"小棉袄"照顾我，帮我盖被子，为我端水。

你感觉怎么样啊？

③

不疼了，谢谢你，亲爱的"小棉袄"

④

妈妈，你肚子还疼吗？

　　懂事听话、会体贴家人的女孩是爸爸妈妈的"贴心小棉袄"，而这样的贴心离不开爸爸妈妈平时悉心的教育。如果爸爸妈妈只是在生活中一味地关心女孩、无微不至地照顾女孩，不对女孩进行情感上的引导，女孩就很容易把爸爸妈妈的关爱当成是理所当然的事情，并有可能变得冷漠、自私、唯我独尊。所以爸爸妈妈应当把握时机，教会女孩试着去了解他人的情绪、感受，她逐渐学会体贴、关心他人。

1

培养女孩的同情心。"同情心"简单说来就是要站在对方的立场上了解对方的感受。拥有同情心后，女孩会变得更加善解人意、乐于助人，也更容易与他人沟通，这对她日后人际关系的健康发展很有帮助。为了培养女孩的同情心，爸爸妈妈可以有意识地引导女孩去注意别人的感受，比如告诉她"爸爸正在工作，你在家里吵吵闹闹会让他感觉难受""你为妈妈盖被子，让妈妈感觉很温暖很感动"等等。这会让她开始审视自己的行为，并逐渐养成为他人着想的习惯。

2

重视言传身教的作用。想要把女孩教育成"贴心小棉袄"，爸爸妈妈自己也要注意发挥好榜样作用。比如，爸爸妈妈之间相亲相爱、互相体贴，爸爸妈妈对爷爷奶奶、外公外婆照顾关爱有加，这些好的做法都会让女孩从小受到潜移默化的影响，使她自然而然地学着关心和体贴家庭成员，从而变得更加懂事、贴心，她的人格发育也会更加健全。

3

对女孩贴心的行为进行肯定。爸爸妈妈要善于观察女孩的一言一行，如果发现女孩有体贴、关爱他人的行为，无论她是有意识的还是在爸爸妈妈引导下进行的，都应当及时给予肯定和表扬，使她能够获得更多动力。比如女孩为妈妈端了一杯水、洗了一个苹果，虽然都只是小事，但爸爸妈妈也不能吝惜自己的赞美，因为女孩受到表扬后，心理上会获得一种愉悦的感觉，她在情感上体验到体贴他人带来的乐趣。

说话得体更受人喜爱

女孩因为生活阅历浅，也不懂得照顾别人的情绪，可能会出现说话不得体的情况，会在无意之中破坏交谈的气氛，甚至还会引起别人的反感。对此，爸爸妈妈应该加以重视，帮助她学会得体地说话，使她能够给人留下良好的印象，也有助于她建立起好人缘，让她变得受人喜爱。

为了帮助女孩学会得体的说话，爸爸妈妈可以从以下几个方面对她进行教育和引导：

1

不要冒犯他人的生理缺陷。爸爸妈妈要提醒女孩注意尊重他人，无论对方是身体健全还是有某种生理缺陷，在交往时都应当一视同仁，在说话时注意不可冒犯别人的生理缺陷，否则随口而出的一句话就有可能让对方受到伤害。在说话时，女孩应当避免说这一类的话，并要在交谈时表现出真诚、体贴，这样才会给对方留下彬彬有礼、言语得体、善解人意的好印象。

2

说话时考虑对方的身份。说话得体的一个基本要求是合乎对方的身份，比如与长辈说话的时候不能没大没小，要多用敬语、尊称，以示尊重；和比自己年龄小的人说话要亲切、平易近人，不要用显得高高在上的口吻说话，以免引起对方的厌恶；和跟自己年龄相仿的人说话则要自然、平和，不要带有小瞧对方的语气；和亲密的朋友说话要表现出足够的坦诚，让朋友能够获得被信任的感觉……凡此种种都需要爸爸妈妈在生活中多多引导女孩，使她能够逐渐把握说话得体的原则。

3

赞美别人要适度。赞美能够让对方感觉心情愉悦，也能够获得对方的认可和接纳，让女孩更加受人喜爱。当然，赞美一定要非常真诚，如果夸奖身材胖的人"你真苗条"、夸奖口齿不清的人"你口才真好"，就不仅不会换来好感，还会引发误解、隔阂。所以，爸爸妈妈一定要教会女孩学会从对方真正的优点出发，赞美发自肺腑，情真意切，才能达到理想的效果。

4

把客套话说得恰到好处。在生活中经常会需要说一些客套话，这一方面能够体现个人的修养、礼貌，另一方面也能表达对对方的恭敬和尊重。比如迎客的时候说"欢迎光临"，送客的时候说"慢走"，麻烦别人的时候说"打搅了"，等等，都属于客套话的范畴，爸爸妈妈可以让女孩适当学习。当然，说客套话也要适可而止。比如想对别人表示谢意，可以真诚地说"谢谢""麻烦你了"等等。但一味恭维对方，还不停地说些"感激不尽"之类的客套话，反而会让人感觉虚伪。所以爸爸妈妈还要教会女孩把客套话说得恰到好处。

▶ 我不害怕吃苦

吃苦耐劳曾经被誉为是中华民族的传统美德，可是随着社会的发展，很多爸爸妈妈往往忽视了培养女孩吃苦耐劳的品质，甚至还会避免让女孩吃苦。让女孩过着养尊处优的生活，很有可能使得她逐渐成为懒惰、吃不了苦、依赖心理强的人，将来走上社会很难经受得起生活中的挫折。这与爸爸妈妈教育懂事、有出息女孩的本意是背道而驰的。

想要培养出漫画中这种不怕吃苦的女孩，爸爸妈妈就要注意在生活中多创造机会，让自家的女孩能够经常接受"吃苦"的锻炼。

1

要有舍得让女孩吃苦的意识。爸爸妈妈要舍得让女孩吃点苦，不要遇到任何小事就急着去帮助她，替她考虑和解决问题。这只会让她变得更加脆弱，经不起一点风雨的打击。爸爸妈妈要让女孩适当吃点苦，因为只有在吃苦的过程中，才能锻炼她的意志，培养坚强的毅力，才能在今后的人生道路上勇敢地面对各种挫折，经受各种严峻的考验，变得更加独立、自强。

2

要和女孩一起吃苦。为了让女孩能够顺利地渡过"吃苦关"，爸爸妈妈可以主动参与其中。比如鼓励女孩参加农村生活体验、社会实践等活动时，爸爸妈妈尽量不要袖手旁观，可以和女孩一起接受锻炼。这样一方面能够为她做出好的榜样，使她受到良好影响而自然地模仿，另一方面也能够增加爸爸妈妈与她沟通的机会，使亲子情感更加亲密。

3

培养吃苦精神要持之以恒。吃苦精神的培养需要依靠日常生活中一点一滴的积累，不可能一蹴而就。有的爸爸妈妈为女孩报名参加"吃苦夏令营"之类的活动，在活动中女孩确实受到了锻炼，可是短期的活动结束后，如果爸爸

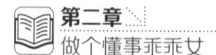

妈妈不注意对女孩加强监督、鞭策，她就很有可能恢复到以前的老样子，甚至还会更加害怕吃苦。所以，爸爸妈妈应明确一点：培养吃苦精神贵在坚持，在发现女孩有放松的迹象时要多给她一些鼓励，以督促她继续进步。

需要提醒的是，培养吃苦精神不是要逼着女孩尝尽苦头，社会上比较流行的"虎妈""狼爸"之类的过于严苛的做法并不可取。所以，爸爸妈妈在锻炼女孩吃苦的时候要控制强度，切不可超越她的承受能力，以致对她的身心健康造成伤害。

懂得分享会有更多快乐

分享是女孩获取快乐的一种较高层次的行为，也是她社会化发展的一个重要标志。学会分享，能够让她交到更多的朋友，变得更受欢迎，并可具有更加快乐的心态，有助于她健康人格的形成。爸爸妈妈应当有意识地培养她的分享意识，鼓励她的分享行为，使她体会到分享后的满足和快乐感，并逐渐成为一个乐于分享、习惯分享的人。

1

为女孩营造分享的氛围。爸爸妈妈平时应当在家中营造分享的氛围，比如将家中的食物、用品由全家人一起享用，避免让女孩一个人独占。平时还可以与她一起玩分享游戏，比如发现她对妈妈的小饰品、爸爸的藏书等感兴趣，就可以这样对她说："这是爸爸/妈妈的东西，我愿意和你一起分享，那你愿意给爸爸/妈妈分享你的玩具吗？"通过这样的游戏，女孩就会逐渐明白好吃的、好玩的东西是可以一起分享的，而且分享应当是相互的。

2

引导女孩与别人分享。有的女孩还没有形成分享意识，总是觉得把东西分给别人，自己就会失去一部分所有权。对此，爸爸妈妈要进行适当的引导。比如可以告诉她将玩具分享给别人，玩具并不会丢失，小朋友还会将玩具还回来。而将玩具分享给小朋友后，小朋友也会同样分享玩具给女孩，这样不仅能玩到更多的新玩具，还能收获一份友情。通过爸爸妈妈耐心的教导，女孩渐渐就会明白分享的真正意义，也不会再拒绝分享了。

3

在女孩不愿分享的时候不要苛求。培养女孩的分享意识不能急于一时，要顺其自然。女孩有的时候舍不得将自己心爱的物品与别人共享，对此爸爸妈妈切勿严厉地责备她，说她"小气""吝啬"，这会让她的心灵蒙上阴影，并

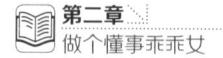

使她更加不愿意进行分享。所以，爸爸妈妈应当始终把握一点：分享应当是心甘情愿的，而且在分享之后心情应当是轻松、快乐的，如果强迫女孩分享，就会违背教育的初衷。

4

不要把分享变成"逗乐"游戏。在女孩还小的时候，可能有的亲戚、朋友会出于逗乐她的目的，假装提出要分享她的物品，如果她不同意，大人就佯装要抢，让她感到非常害怕；有时她同意分享，大人又说"我只是开个玩笑，并不想要你的东西"。这样的"逗乐"游戏会让女孩受到误导，会影响她正确的分享意识的形成，所以爸爸妈妈遇到这种情况应当及时制止，同时还要对女孩做好解释工作，以免她受到不好的影响。

▶ 拥有一颗感恩的心

"感恩"是一种对别人施与的恩情心存感激的表现，也是为人处世一种最基本的修养。爸爸妈妈应当从女孩很小的时候教会她拥有感恩之心，学会对爸爸妈妈的养育之情、老师的教诲之情、朋友的关爱之情等等给予回报。感恩的心态会让女孩的内心充满温暖，有利于她良好品格的形成，可使她养成积极的人生态度，建立和谐的人际关系，令她一生受益无穷。

1

树立女孩的感恩意识。为了帮助女孩树立起感恩意识，爸爸妈妈应当多

对她进行感恩的教育，以唤醒她心中感恩的情怀。比如，爸爸妈妈可以教女孩学习感恩母爱的古诗"慈母手中线，游子身上衣。临行密密缝，意恐迟迟归"，还可以给她讲一些古今中外名人感恩的小故事，如黄香温席、居里夫人感恩小学老师等。这些令人感动的例子都会让女孩受到良好的精神感召，使她逐渐学会感恩。

2

在女孩面前学会"示弱"。爸爸妈妈对女孩的关怀无微不至，而且习惯每件事都做得又快又好，久而久之，女孩就会习惯坦然接受，却不会去考虑爸爸妈妈的艰辛和苦处。所以爸爸妈妈不妨适当在女孩面前"示弱"，让她看到

爸爸妈妈也会感到疲惫，也会觉得辛苦，在照顾她的过程中还要克服很多的困难，是相当不容易的。这样女孩就会学着去感恩，而不是觉得自己获得的一切都是理所当然的。

3

感恩训练从一句"谢谢"开始。说一声"谢谢"是最简单的表达感恩之心的方式，一声发自内心的感谢看似微不足道，却会让对方感觉自己的付出得到了回报。所以爸爸妈妈平时应当鼓励女孩学会适时说出自己的谢意。只有学会说"谢谢"之后，女孩才会得到更多人的帮助，也才能得到更多人的尊重。

4

抓住生活中每一个教女孩学会感恩的机会。爸爸妈妈还可以抓住时机提醒女孩感恩，比如在教师节的时候，可以鼓励女孩亲手制作贺卡和简单的手工艺品送给老师；在父亲节、母亲节，她可以对爸爸妈妈说几句温暖的祝福语，并可以主动承担一些力所能及的家务活；她平时得到了亲人、朋友赠送的礼物时，也要表示感恩，并妥善保管，以表示自己十分珍惜对方的情谊……总之，爸爸妈妈从生活中的一点一滴入手进行教育，女孩就会自然而然地学会识恩、知恩，并成为一个具有感恩之心的人。

对别人要宽容一些

　　宽容就是宽宏大度、有气量，遇事不斤斤计较，不过分追究别人的过错。宽容能够反映出待人的艺术和良好的涵养，也是懂事女孩必不可少的一种良好品质。女孩学会对人宽容之后，不仅能够自己排解各种负面情绪，有益于身心健康，还能赢得他人的友爱，让自己的生活充满温暖和阳光。

　　爸爸妈妈可以从以下几方面入手教女孩学会对人宽容：

1

教女孩不要过分计较得失。有的女孩常会因为别人做错的一点小事而不停地埋怨、念叨，其实这不仅于事无补，还会影响人际关系的和睦，同时女孩自身也会处于负面情绪的包围中，感觉非常痛苦。所以，爸爸妈妈应当教会她对人宽容一些，遇事不要过分地计较得失，对于已经发生的事情要学着去承受，要坦然接受别人的道歉，容忍别人的过错，并想办法和别人一起补救当前的局面。这样就能够赢得别人的好感，而自己也能够保持良好的心态。

2

教女孩学会理解他人的难处。想要教女孩学会宽容，最关键的是教她学着理解别人。有的时候面对问题，女孩因为总是从自己的角度去思考，就容易对别人求全责备；可若是换个角度，想象一下别人面临的实际困难，揣摩一下别人的心情，就会发现可能别人并不是故意要做错事或表现得不好。这样女孩就能够容忍别人的缺点和错误，也能够与人正常交往、友好相处了。

3

教女孩遇到问题时多做自我反省。女孩在成长过程中难免会与人发生摩擦，在这种时候爸爸妈妈要提醒她，与其生气、怨恨，不如先自我反省。比如女孩和同学发生了矛盾，气愤不已，还在家中不停地责怪同学。这时爸爸妈妈就可以提醒一下她，让她回顾之前自己有没有言行举止失当的地方，是不是在不经意之间伤害了同学才引发了摩擦。经过自我反省后，女孩认识到自己的错误，她也就更容易宽容同学的错误。之后爸爸妈妈再引导她与同学真诚沟通、调节关系，问题也就会迎刃而解了。

需要提醒的是，爸爸妈妈在教育女孩学会宽容时，还应提醒她宽容是有原则的。如果对方不思悔过故意犯错，甚至是挑衅，就没有必要再对他宽容，否则宽容就成了没有底线的纵容。另外，对于一些违背法律制度、道德规范的行为也不能宽容，否则就成了是非不分、助纣为虐。所以，宽容要把握好应有的尺度，这也是爸爸妈妈需要向女孩阐明的。

做错事要诚恳道歉

女孩在成长的过程中，总是免不了会犯下这样那样的过错。在她犯错误之后，爸爸妈妈应该教育她端正态度，认识到自己的错误，并学会真诚地道歉。这样不仅能够有助于弥补她犯下的过错，求得别人的谅解，而且还能够改变她给别人留下的坏印象，使她能够收获别人的信任和尊重。

1

让女孩学会认错。即使是年龄较小的女孩，也是有自己的骄傲和自尊。有时候，为了维护自己的骄傲，她可能会出现不愿意认错、不肯说"对不起"的情况，其实她心中可能已经意识到自己的言行是不正确的，但就是拉不下面子对别人说"对不起"。对此，爸爸妈妈不妨用温和的言语引导她自己去思考，让她想一想自己在哪些方面行为欠妥，并给别人造成了哪些伤害，然后再向她传达这样的观念：敢于道歉是一种难得的勇气。

2

女孩犯错要及时纠正。爸爸妈妈在女孩犯错的时候，要及时指出，并告诉她当下应当采取什么措施才能拯救这种局面。这样，一方面能够帮助女孩认识自己的错误，另一方面也能让她意识到犯错误并非是不可挽救的，只要她能够真诚道歉，就还是有被原谅的可能。

3

让女孩对自己的犯错行为负责。爸爸妈妈还应让女孩学会"有效的道歉"，也就是说，道歉应是发自内心的诚挚悔过，而不能理解为不痛不痒地说上一句"对不起"就是道歉；同时，道歉还要拿出负责任的补救行动来，不能为了摆脱责任而故意砌词狡辩，更不能为了骗取别人的宽恕而虚情假意地道歉，这样的道歉没有任何意义。所以爸爸妈妈应当教育女孩为自己的错误承担责任，并竭力弥补，这样别人也能因为感受到诚意而愿意接受道歉。

4

爸爸妈妈主动道歉，为女孩做好榜样。在很多家庭中，爸爸妈妈为了维护自己的权威形象，即使犯了错，也不会在女孩面前轻易道歉，这无疑是给女孩做了一种错误的示范。实际上，道歉不是丢脸的事情，如果爸爸妈妈能够勇于承认错误并道歉，那么在女孩眼中不仅不会丧失形象，反而还会更加受到尊重。

有公德心的女孩最受欢迎

公德心是一种良好的个人修养，能够反映出一个人高尚的道德情操。爸爸妈妈应当注意从小培养女孩的公德心，使她能够自觉遵守公共秩序，并将尊老爱幼、礼貌待人、爱护公物、保护环境等良好行为养成习惯，从而发展出良好的品行和完美的人格，成长为受人欢迎和尊重的高素质人才。

1

用自己的良好行为使女孩受到感染。要培养女孩的公德心，爸爸妈妈首先应当规范自己的行为，使女孩能够直接感受到什么样的做法是正确的，什么样的做法是错误的。比如带女孩出外游玩、就餐的时候，爸爸妈妈按秩序排队、不闯红灯、不大声喧哗、不随手丢弃废弃物……女孩通过耳濡目染受到影响，会自然而然地学习这些良好的行为，并逐渐成为一个有公德心的人。

2

指出公德心缺失会给社会和他人带来不良影响。在现实生活中，有时可以见到一些缺乏公德心的行为，爸爸妈妈可以把它当成是教育女孩的机会，不失时机地提醒女孩注意，并可以问问她："你看到这些垃圾，有什么感受，清洁工叔叔会有什么感受""在风景区乱涂乱画乱刻，别的游客会有什么感受"等等。通过这样的引导可以引发女孩的思考，她会发现，没有公德心不但会造成社会环境的污染、社会秩序的混乱，而且还给他人带来很多不便，所以平时一定要注意自己的一举一动，时刻都要提醒自己保持公德心。

3

对女孩缺乏公德的行为不能放任。爸爸妈妈还要注意，如果日常发现了女孩有缺乏公德心的行为，要及时指出并进行教育和引导。比如一家人到餐厅就餐，在等餐时，女孩因为觉得无聊跑来跑去、大喊大叫，爸爸妈妈就应当立即阻止，因为这时她不仅影响到其他客人，还容易发生撞伤、跌伤等危险。在日常生活中，有的爸爸妈妈不但对女孩的行为放任不理，而且会在别人表示不满后用"她不过是个孩子"之类的借口来狡辩，这样做对女孩的成长有害无益，是一种不负责任的教育态度，应当坚决避免。

精神"富养"才能养出懂事女孩

②
这些都不好看！
妈妈去买新裙子。

①
爸爸给你买新的。
这些都不好玩！

③
说好的奖励呢？
给你，太贵了。

④
不给我买，我就不上学！

　　"穷养男孩富养女"是一种比较流行的育儿观点，也让很多爸爸妈妈在思想上步入了误区，觉得养育女孩就是要在物质方面去极力地满足她，在吃、穿、用、学的各个方面都要舍得投资，买最高档的品牌，报最贵的兴趣班、学习班，以为这样就能教出有出息的"贵族淑女"。可事实上，这些爸爸妈妈是错误地理解了"富养"的定义。"富养"的"富"其实指的不光是金钱、物质，更重要的还是精神财富。只有满足了女孩的精神需求，注重培养她良好的精神品质，她才能够成长为懂事可爱的优秀女孩。相反，如果一味进行物质"富养"，忽略精神"富养"，就会让女孩变得骄横、奢侈、爱慕虚荣，成了人见人怕的"刁蛮公主"。

　　那么，如何才能做到正确"富养"女孩呢?

1

　　注重高品质的精神培育。爸爸妈妈首先应当明确的是，富养不光是要在金钱上投入，更是要对女孩进行高品质的精神培育。比如要帮助女孩建立起独立的人格，使她能够摆脱事事依靠父母的问题；要培养女孩诚信的品质，不能养成说谎的坏习惯；要锤炼她的自信心和勇气，使她能够战胜困难，成为生活的强者；要引导她学会宽容，遇事不要斤斤计较，使她能够保持心境平和，有助于建立良好的人际关系……

2

　　注重情感上的悉心呵护。有的爸爸妈妈可能因为忙于工作而忽略了对女孩在情感方面的呵护。殊不知女孩的情感是十分温柔、纤细的，她拥有一颗敏感的心，对于情感的需求是给予再多的物质也满足不了的。所以爸爸妈妈即使再忙再累，也应当抽出时间、花精力来关爱女孩，让她感觉到温暖，这样才能培养她对爱的感受能力及付出爱的能力，才能引导她去关爱别人。这对于她的良好情感和健康情绪的培养也很有帮助。

3

注重开阔女孩的视野。"富养"女孩还要注意让她增长见识、开阔视野，这远比给她购买昂贵的奢侈品要有意义得多。开阔女孩视野的办法也有很多，比如爸爸妈妈可以引导女孩阅读一些符合她的认知水平的报纸、杂志，并和她一起讨论，使她既能够了解一些新鲜事，又能够锻炼阅读和理解能力；爸爸妈妈还可以经常带女孩外出或出席一些聚会活动，有条件的话还可以一起去旅行。这会为她打开新的天地，使她不断吸收新的知识，并学会与人交往，从而获得很多真正的财富。

第三章

Chapter 3

爱美之心，人皆有之

我不是丑小鸭

爱美是每一个女孩的天性，反映出了女孩渴望美的心理需求。有资料显示，女孩在 3~6 岁时就已经开始从周围人们的评价中建立自我形象，并且也很在意他人的评价。她会因一些负面评价而产生自卑的心理，严重时可能会影响到性格的形成与情感的发育。为此，爸爸妈妈应当多多关注女孩爱美的情况，并注意帮助她做好心理调节，使她能够正确地认识"美"的内涵。

1

帮助女孩形成正确的审美观。爸爸妈妈可能很注意女孩的智力发育，却很少会关注她的审美观的形成。但事实上"美育"也是教育女孩的一个必不可少的环节，它能够陶冶女孩的情操，使她学会以正确的态度理解和评价"美"。因此，爸爸妈妈可以多引导女孩去欣赏一些美丽的事物，在她心中树立起美的"样本"；爸爸妈妈还可以和女孩一起去发现一些身边的"美"，让她心中对于"美"的概念变得更加具体化。

2

巧妙转移女孩不正确的审美视线。女孩在产生了朦胧的审美意识之后，对美会有自己的很多看法，其中难免会有一些不正确的审美观念。比如有的女孩认为浓妆艳抹的打扮是美丽的，认为名牌服装就是美丽的，等等。对于女孩的这些想法，爸爸妈妈不要急于粗暴地制止，以免引起女孩的抵触情绪。正确的做法是想办法转移女孩的审美视线，教会女孩一些造型方面的知识，让女孩自我探索、自我发现、自我创造，从而不断提高审美水平，并拥有自己的审美个性。

3

引导女孩学会欣赏自己的"美"。女孩在成长过程中，总是免不了因为长相问题而被他人品头论足，这会让一些容易自卑的女孩产生悲观、失望的情绪。遇到这种情况，爸爸妈妈要学会开导女孩，首先对于那些随便品评他人外貌的行为要予以否定，其次则要提醒女孩不必过于在意外貌上的不如意，因为美丽包含的因素很多，一定不能把"外貌好看""打扮亮丽"与"美丽"画上等号。事实上，哪怕是外貌平常的女孩，只要拥有良好的性格、优雅的举止、出众的才艺等等也可以成为美丽的女孩。所以女孩不要把自己当作"丑小鸭"，而是要正确地认识自己，去发挥自己的长处，展现出自己与众不同的美丽来。

我不想做永远的"小不点儿"

　　女孩个子矮，成了"小不点"，会让她感觉非常自卑，在与人交流的时候也会缺乏自信，严重时还可能产生负面情绪，对心理健康非常不利。为此，爸爸妈妈一方面要帮助她做好心理调节的工作，另一方面则是要想方设法，争取在她的骨骺线（指的是骨骺与干骺端之间的软骨，随年龄增长而逐渐变短，青春期发育后，骨骺线完全闭合，骨骼就会停止生长）闭合之前增高，使她的

身高能够追上平均水平。

事实上，影响身高的因素有不少，除了遗传因素外，还有很多后天的因素，如缺乏营养、睡眠不足等等。爸爸妈妈可以从以下几个方面进行调节：

1

注重为女孩补充营养。营养是影响女孩身高的重要因素，特别是在女孩身高增长的两个高峰期（第一个高峰期是从出生后至 3 岁时，第二个高峰期是青春期早期和中期，大概是 10~16 岁之间），更应当注意让女孩摄入足够的蛋白质、维生素、钙质、铁质等营养素。平时，爸爸妈妈要注意合理搭配女孩的饮食，同时要督促女孩改掉挑食、偏食、三餐不规律、爱吃零食等坏习惯。

2

注意保证女孩充足的睡眠。科学研究显示，生长激素在睡眠时分泌旺盛，一般晚上 9 点到凌晨 1 点之间是生长素分泌的高峰阶段。在这个阶段女孩如果能够进入熟睡的状态，生长素就会按时大量分泌，对于促进身高增长很有帮助。爸爸妈妈应当提醒女孩养成早睡的好习惯，尽量在晚上 8 点半之前上床，最晚也要在 9 点之前。而早上起床则最好在 7 点以后，因为早上 6 点前后的一两个小时也是生长激素分泌比较旺盛的时段。

3

不要给女孩太多的压力。出于"望女成凤"的心理，很多爸爸妈妈常常会为女孩同时报几个课外辅导班、兴趣班，希望她能够多掌握一些技能。可是女孩平时面对的是繁重的学习任务，课余再得不到休息，精神压力就会越来越大，这会导致神经内分泌系统功能紊乱，继而影响生长激素分泌，致使身高增长速度与同龄人相比明显缓慢。这种情况被称为"精神压力性生长迟缓"。为了避免这样的问题出现，爸爸妈妈应该减轻女孩的学习负担，帮女孩实现心理减负，让女孩正常生长。

4

多带女孩外出运动锻炼。经常出门晒太阳能够促进机体维生素 D 的生成，有利于钙质的吸收，可以促进女孩身高增长。同时，在户外进行一些有益的运动锻炼也能够促进血液循环，加速新陈代谢，为骨骼组织健康生长提供助力。因此爸爸妈妈应当经常带女孩进行户外锻炼，时间可以选在温度适宜的日子。为了避免过强的太阳光晒伤皮肤，还可以选择在上午 10 点之前、下午 4 点以后出门。

学大人化妆会漂亮吗

　　随着年龄的增长，不少爱美的女孩会对化妆产生浓厚的兴趣，会学着大人的样子在脸上涂涂抹抹，以为这样就会变得美丽。与此同时，不少青春靓丽的"辣妈"也热衷于给女孩化妆，使得女孩过早地接触到各种化妆品。其实这样的做法有不少弊端，这既不利于女孩形成正确的审美观念，也不利于女孩的身体健康。比如化妆品中含有的雌激素就会导致女孩性早熟，造成女孩生长发育期提前结束，使她的身高增长停滞不前。

　　由此可见，对于女孩热衷于化妆的问题，妈妈不仅不能鼓励，还应当及早进行正确的引导。

1

　　妈妈要发挥好言传身教的作用。有的妈妈自己就是"化妆达人"，对于化妆有自己的心得体会。但即便如此，在女孩面前还是应当尽量保持素颜，从而减少女孩模仿妈妈化妆的机会。为了让女孩接受自然美，妈妈还可以为女孩化一个比较浓艳、夸张的妆容，让她与自己本来的样子做对比，告诉她化妆后的脸并不一定会比一张纯洁可爱的面容更美丽。女孩在有分辨真正的美的能力之后，她就不会对化妆表现得特别渴望了。

2

　　适当满足女孩对化妆的好奇心，但不能养成习惯。有时候女孩想要化妆，可能更多的是出于一种好奇的心理。对于她的好奇心，妈妈可以适当满足，可以和她一起试一试家里的化妆品，并给她讲一讲化妆品的小知识，使她发现化妆品并没有她想象中的那么神秘和有趣。当然，在这个试验性的过程中，妈妈一定要注意引导女孩抱着玩一玩的心态，不能将化妆变成常态。

3

　　争取做到不给女孩化妆或尽量化淡妆。女孩日常护理只需要做好基本的滋润、保湿工作即可，不需要使用化妆品。如果在一些特殊场合比如需要上台表演的时候必须给女孩化妆，这时也要避免浓妆艳抹，而是应当尽量化淡妆，淡妆不仅能够突出女孩天真可爱的特点，也能够尽量减少化妆品中的化学成分对女孩娇嫩的皮肤造成的损害。此外，妈妈应当注意使用儿童专用的、质量可靠的化妆品、护肤品，在表演结束后要尽快为女孩卸妆，这样才能避免女孩在化妆后出现皮肤过敏、红肿、瘙痒等问题。

每天照镜子一百遍

在女孩进入青春期的时候，爸爸妈妈可能会发现她越来越喜欢照镜子了，她可能每天都会花费大量时间专心致志地欣赏镜中的自己。对于女孩爱照镜子的问题，爸爸妈妈如果放任不理，就可能愈演愈烈，以至于女孩的注意力被严重分散，学习成绩会受到影响。可如果爸爸妈妈对女孩进行粗暴干涉，又难免会伤害女孩的自尊心。

那么，爸爸妈妈该如何恰当地处理好女孩爱照镜子的问题呢？

1

肯定女孩对美的追求。爸爸妈妈首先应当明确一点：爱美不是罪过，女孩有爱美、追求美的权利。所以在女孩开始注重个人形象、不断照镜子的时候，爸爸妈妈不要急于对她进行严厉的指责，而是应当给予她应有的尊重和理解，使她愿意对爸爸妈妈敞开心扉，这样爸爸妈妈对女孩进行教育和引导时就不会遭到她的抵触。

2

提醒女孩爱美应适度。在肯定女孩对美的追求的同时，爸爸妈妈应当提醒她不要过度在意从镜子中看到的"美丽"。爸爸妈妈可以这样对女孩说："作为青春期的女孩，你有人见人爱的自然美。即使不照镜子，你的'美丽'也不会偷偷溜走；可是你现在总照镜子，会让同学们觉得你'臭美'，这不是在给你的'美丽'减分吗？"通过这样谈心似的话语，爸爸妈妈可以帮助女孩做自我反省，从而减少一些爱照镜子的问题。

3

帮助女孩学会自我控制。有的时候女孩已经对镜子产生了深深的依赖，觉得不照镜子就不放心，离开镜子内心就会充满焦虑和紧张。这时，爸爸妈妈可以帮助女孩转移注意力，停止过度关注自己的形象，而是要将精力放在更加有意义的活动上去，比如与同学聊天，参加文体活动，欣赏影视作品，阅读喜爱的小说，等等，使她不必非要通过照镜子才能找到所谓的"安全感"。其中与同学分享自己的感受，对于女孩摆脱过度自我关注来说很有帮助，因为同龄人之间更容易做到互相理解。爸爸妈妈可以鼓励女孩走进集体，多听听同龄人的看法，慢慢地，女孩的"镜子依赖症"便会减轻了。

减肥，我要和肥胖战斗到底

肥胖是让很多爱美的女孩十分烦恼的问题。胖女孩看上去臃肿、懒散，动作也不灵活，容易给人留下笨拙的印象，在参加集体活动时难免受到他人的排斥。这会对女孩的心理成长造成不良影响，不仅会让她变得非常自卑，还会让她害怕与人交往，从而变得越来越孤僻。当然更为严重的是，过度肥胖还会影响身体健康，可引起糖尿病、高血压、内分泌紊乱等多种疾病。为此，爸爸妈妈应当重视女孩的肥胖问题，帮助她采取正确的减肥方法，科学合理地减肥。

1

为女孩制定科学的减肥营养食谱。爸爸妈妈不仅要帮助肥胖的女孩适当减少食量，还要注意保证蛋白质、矿物质、碳水化合物、维生素等多种营养成分的均衡摄入，这样才能满足她在生长发育阶段的营养需求。科学膳食需要爸爸妈妈对各种食物进行合理地搭配，应注意减少高油脂、高热量的食物，如油炸食品、碳酸饮料等等，同时可以多增加一些粗粮和新鲜的水果、蔬菜等。此外，爸爸妈妈要督促女孩定时、定量进餐，遵循"早餐吃好，午餐吃饱，晚餐吃少"的原则，以解决女孩饮食过量的问题。

2

督促女孩进行适度的减肥锻炼。在控制饮食之外，爸爸妈妈还要督促女孩进行锻炼，特别是长时间沉迷于电脑、平板、手机等电子产品而久坐不动的胖女孩就更加需要通过运动来消耗热量。爸爸妈妈平时要注意培养女孩的运动爱好，如跑步、跳绳、游泳、打乒乓球、打羽毛球、踢毽子等。在女孩减肥期间，爸爸妈妈可以制作一份运动计划表，循序渐进地增加运动量，鼓励女孩坚持锻炼，确保女孩顺利减去过多的体重。

劝阻女孩停止错误的减肥方式。现在网络上有很多流行的减肥方法，如"减肥药减肥""单一食物减肥""速效减肥"等等，将效果宣传得天花乱坠，女孩容易受到这类信息的鼓惑而使用这些错误的方法，结果身体健康会受到很大的损害。遇到这种情况，爸爸妈妈一定要及时劝阻，并告知女孩错误减肥的危害性，以免造成严重的后果。

以理解和支持的心态陪伴女孩减肥。减肥是一件需要长期坚持的事情，爸爸妈妈应当多给女孩一些理解和支持，使她能够在感觉疲惫的时候获得一些动力，从而能够顺利地达到减肥的目标。在女孩因为一时看不到减肥效果而悲观、沮丧的时候，爸爸妈妈也要注意对她进行心理疏导，使她能够理性面对肥胖，不要将美丑问题看得过重而影响身心健康。

小痘痘伤了"面子"

女孩在青春期由于体内激素分泌旺盛，皮脂腺油脂分泌较多，容易引起毛囊皮脂腺导管堵塞而在面部生出一粒粒的小痘痘。痘痘十分影响美观，女孩往往会为此感到十分苦恼，严重时还会影响心理健康。对此爸爸妈妈应当注意做好预防和疏导工作，以帮助女孩解决痘痘带来的"面子问题"。

1

　　帮助女孩正确认识痘痘。在女孩因痘痘而倍受困扰时，爸爸妈妈为她普及一下关于痘痘的生理知识，并购买一些生理卫生方面的书籍让她阅读，使她能够弄清楚痘痘出现的原因，认识长痘痘可以算作是一种成长的标志，意味着女孩步入了生长发育的新阶段。明白长痘痘并不可怕，如果进行科学的护理，它就会逐渐消失。通过消除认识上的一些误区，女孩就不会再出现谈"痘"色变的情况，而是能够更加理性地面对痘痘了。

2

教会女孩科学护理皮肤。科学的护理方法有助于减少痘痘滋生和痘印残留。爸爸妈妈可以为女孩精心挑选一些性质温和、无刺激作用的护肤品，教女孩做好皮肤的清洁、补水、防晒等护理工作，这样不仅能够祛痘，还能够改善肤质，使女孩的皮肤变得更加健康美丽。爸爸妈妈还要告诫女孩不要用手去挤痘痘，或是盲目涂抹一些刺激性强的祛痘药物，这会让皮肤变得更加敏感，让长痘痘的问题进一步恶化，甚至还会造成满脸的痘坑、痘印，使得彻底复原变得更加困难。

3

督促女孩改变不良生活习惯。经常长痘痘与女孩的很多不良生活习惯也有一定关系。比如晚上睡得太晚，爱吃油炸食品和葱、蒜、辣椒等刺激性食物，不注意个人卫生，等等。对此，爸爸妈妈要督促女孩调整生活习惯，比如让女孩养成规律的作息，减少熬夜的次数；在饮食上注意少吃脂肪、糖类、刺激性食品，多吃水果、蔬菜；不用脏手接触面部皮肤；等等。这些对于减轻痘痘都有一定的帮助。

4

教女孩克服痘痘的心理危害。长痘痘常常会让女孩自惭形秽，容易引起或加重一些心理问题。女孩的情绪如长期处于焦虑、紧张的状态，会加剧痘痘的爆发，从而引起了严重的心理问题，进而形成恶性循环。为此，爸爸妈妈还要重视对女孩的心理疏导工作，可以多与她进行真诚的沟通，帮助她树立起战胜痘痘的信心；同时，爸爸妈妈还可以鼓励女孩参加一些体育锻炼和健康的文娱活动，以缓解紧张的情绪，使她能够顺利战胜恼人的小痘痘。

有容貌平平的白雪公主吗

白雪公主的形象深入人心，听着白雪公主的故事长大的女孩心中大都藏着一个"公主梦"。女孩可能会认为只有长相漂亮才可以被称为"白雪公主"，可事实上，公主的美丽不仅仅表现在容貌方面，更多的还是表现在品德、气质、才艺等诸多方面。爸爸妈妈要通过教育使女孩意识到：即使容貌平平，也可以成为人见人爱的白雪公主。

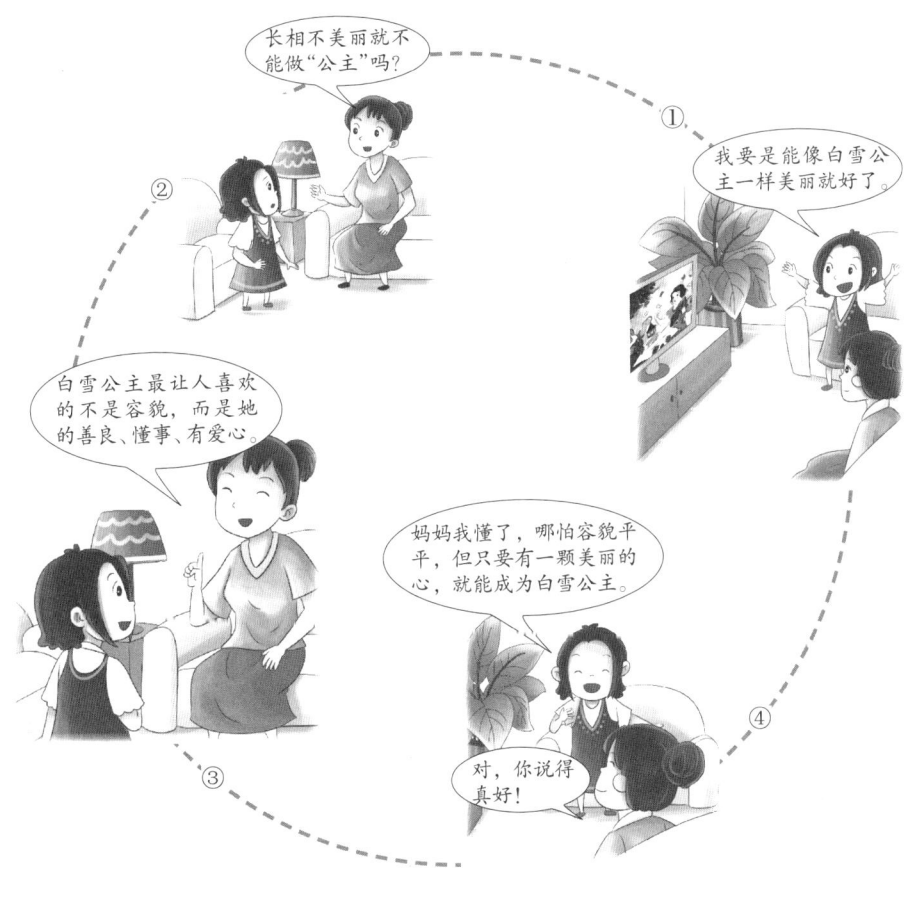

1

培养女孩良好的道德品质。白雪公主身上有很多美好的品德，能够对女孩的成长产生积极的影响。爸爸妈妈可以由此入手，培养女孩良好的道德品质。比如白雪公主为人善良、对人谦虚，在与小矮人相处的时候能够尊重他人、乐于助人等等，这些都可以让女孩受到感染并自然而然地效仿，而爸爸妈妈也可以有意识进行的引导，使得女孩能够逐渐成为一个品德高尚的人。

2

培养女孩良好的语言、仪态。白雪公主的魅力与她得体的语言、大方的仪态是分不开的。家长也要注意从这方面对女孩进行培养，比如教会她习惯使用文明用语，把"您好、请、谢谢、对不起、再见"挂在嘴边，同时做到"站有站相、坐有坐相"，给人留下优雅、大方的好印象。当然，爸爸妈妈在向女孩讲解良好举止的标准时，应注意不能采取强硬的手段，而是应该耐心地诱导，使女孩愿意接受，并从小养成文明礼貌的好习惯。

3

培养女孩的才艺兴趣。才艺能够提升女孩的气质，激发她的艺术潜能，使她成为充满个人魅力的"公主"。因此，爸爸妈妈应当仔细观察并充分挖掘女孩的才艺潜能，在她表现出对某种才艺特别感兴趣的时候，爸爸妈妈应当尽量去满足她的需求。比如女孩喜欢跟着音乐翩翩起舞，爸爸妈妈就可以考虑为她报名参加正规的舞蹈训练班，着重培养女孩在舞蹈方面的才艺。这里需要提醒的是，年纪小的女孩往往是比较好动且具有好奇心，偶尔的涂抹一张画、唱一首歌并不代表她真对这方面感兴趣，所以爸爸妈妈还是要注意多观察并多和女孩沟通，这样才能够为她找到正确的才艺发展方向。

4

　　注意女孩的服饰打扮。美观的服饰也是白雪公主美丽的组成部分，能够让美好的气质锦上添花。所以，爸爸妈妈在培养自家的"小公主"时，也不能忽视服饰的选择和搭配。当然，爸爸妈妈也要注意对女孩的打扮应以自然、整洁、大方、美观为原则，不能过分追求名牌或过于华丽的服装、配饰，以免影响女孩正确的审美观念的形成。

美丽的最高境界是个性

"个性"就是能够让一个人与其他人区别开来的独有的特质，包括言语方式、行为方式、情感方式等等。在审美方面，鲜明的个性可以让女孩特立独行，无论走到哪里都会是一道亮丽的风景线。相反，如果女孩缺乏自己的个性，表现得平庸寻常，那就会失去一份专属的美丽。由此可见，对于女孩表现出来的一些个性，如果无伤大雅，爸爸妈妈也不必如临大敌，不妨适当鼓励她尽情展现自己独特的美丽。

1

尊重女孩的个性，不要妄加指责。女孩对于美丽往往有自己独特的看法和意见，对此爸爸妈妈不要横加干涉和阻止。爸爸妈妈应当从女孩的年龄和心理特点出发去尊重和理解她的个性需求。比如有的女孩不喜欢穿裙子，更喜欢潇洒利落的裤装，爸爸妈妈就不必强迫她接受裙装。强迫只会遭到她的抵触，甚至会让她变得叛逆。总之，爸爸妈妈要尊重和认同女孩的个性，这是引导她们正确行为的第一步。

2

帮女孩找到适合她的风格。爸爸妈妈还可以帮助女孩找到最适合她的风格，让她从自己的风格入手张扬个性魅力，而不是盲目模仿他人或胡乱装扮。事实上，每个女孩都有自己最具个性、最美丽的一面。她可以是甜美可爱的，也可以是活泼大方的，还可以是高贵典雅的，爸爸妈妈要做的就是帮助女孩搭配服装、配饰、发型等等，从而使女孩能够把自己最具特点的这一面展示出来。

3

引导女孩学会区分"个性"与"怪异"。由于女孩的审美观念尚不成熟，就很容易在追求个性的同时走入误区，比如女孩可能会想要把头发染得五颜六色，或者戴一些造型夸张的饰品，穿上样式怪异的服装，在她看来这样很"酷"、很"潮"、很"个性"，可实际上却不符合通常意义上的审美。对此，爸爸妈妈应当多与女孩进行沟通，帮助她认识到奇装异服并不等于个性，同时爸爸妈妈可以多带女孩欣赏一些青少年服装展示活动，以提升女孩认识美的能力，让她们能够正确辨别美丑，从而在审美方面发生主动和积极的转变。

第四章
Chapter 4

我也想当第一名

- 偏科还需"偏方"医
- 我得了"健忘症"
- 老师批评我，我不上学了
- 又没考好，我是不是很笨
- 打游戏会上瘾，学习怎么不会
- 紧张与成绩"成反比"
- 粗心大意，弄丢了分数
- 学习不是别人的事情
- 女孩真的不如男孩聪明吗

偏科还需 "偏方" 医

女孩或多或少都存在偏科的问题，如果长时间得不到正确的引导，她就会认为自己没有学习某一科目的天赋，学习兴趣就会日渐下降，甚至还会对该科目产生恐惧和排斥心理，并且这种厌学、怕学的情绪还可能影响到其他科目的学习。因此，爸爸妈妈应当充分认识到偏科对女孩的危害，争取尽早找出女孩偏科的原因，并寻找方法提升女孩的学习兴趣，使她早日摆脱偏科的困扰。

① 你偏科怎么这么严重啊，别的科目能考90分，物理就是学不好。

那些力学原理，我一点都搞不懂。

② 学物理其实没那么难。

爸爸，你有好办法？

③ 这办法能有作用吗？

玩吧，爸爸还给你下载了很多物理游戏呢。

④ 原来是这样，物理其实挺有意思的。

1

鼓励女孩全面发展。爸爸妈妈要鼓励女孩全面发展，可以从女孩擅长的科目入手，帮助她树立学习的信心。爸爸妈妈可以这样对女孩说："既然这一科你都能学得很好，说明你的学习能力很强，XX科目成绩不理想可能只是因为你还没有找到正确的学习方法。"通过这样的鼓励，让女孩调整好心态，减少对某一学科的畏难情绪。

2

不要给女孩灌输负能量。有的爸爸妈妈因为自己有过偏科的经历，所以常常自觉或不自觉地在女孩面前提起自己对于某科目的偏爱和对某科目的厌恶，这样的做法会对女孩产生一些消极的暗示，使她受到影响而变得更容易偏科。所以，爸爸妈妈切记不能随意对女孩灌输这种负能量，而是应当经常对女孩进行一些积极的暗示，这样女孩才能获得进步。

3

循序渐进改变偏科问题。想要在短时间内改变女孩的偏科问题是不现实的，爸爸妈妈不能急于求成。对于女孩不擅长的科目，爸爸妈妈强制性地要求她一定要投入大量时间去钻研难题，那必然会让女孩感觉烦躁、厌倦。为此，爸爸妈妈不妨做一份学习计划表，循序渐进将该科目的学习时间逐渐延长、题目难度逐渐增加，使得女孩能够慢慢培养起对该学科的兴趣来。

4

不要迷信辅导班的力量。女孩偏科严重，爸爸妈妈出于着急的心理，往往会寻找一些课外辅导班来为女孩补课。但是辅导班也不是万能的，对每一个个体而言效果是不一样的，女孩的学习问题不一定能有效解决。而且上辅导班需要占用女孩的课余时间，会增加她的学习负担，使她感觉身心疲惫。在这样的状态下接受辅导，显然是不可能达到预期效果的。所以，爸爸妈妈还是应当以提升女孩的学习兴趣为主，不要过度迷信辅导班的力量。

5

寻找"偏方"让女孩爱上学习。对于女孩偏科的问题爸爸妈妈还可以用一些有趣的"偏方"来解决。比如女孩对某些学科不感兴趣，爸爸妈妈就可以找一些与该学科相关的游戏，让女孩在玩中学习，逐渐对该学科产生浓厚的兴趣。再比如女孩觉得某门学科的知识比较抽象、不好理解，爸爸妈妈就可要想办法将该科的知识与生活实际相连，这样女孩做起相关题目来就会得心应手了。

▶ 我得了"健忘症"

爸爸妈妈可能会发现女孩总是会忘记一些与学习有关的事情，如该做的作业、该完成的习题等等，有时候聪明伶俐的她连一首简单的古诗都背不下来，看上去她似乎是得了"健忘症"了。可事实真的是这样吗？爸爸妈妈注意观察就会发现她从来不会忘记自己感兴趣的事情。那么，爸爸妈妈该如何引导女孩去记住那些不那么有趣的事情呢？

1

　　创造兴趣来提升记忆。德国文学家歌德曾经这样说过："哪里没有兴趣，哪里就没有记忆。"的确，兴趣能够使大脑皮层进入兴奋状态，有助于集中注意力，激发积极的思考，对于记忆自然有很强的促进作用。因此，爸爸妈妈想要改善女孩的"健忘症"，也应当从兴趣入手，帮助女孩对学习产生兴趣。比如干巴巴地背诵英语单词是枯燥无趣的，如果试着把女孩喜欢的中文歌词翻译成英文，或是鼓励她用英语同外国游客对话，显然就有趣多了。爸爸妈妈平时可以多引导女孩进行这样有趣的锻炼，慢慢地她就会对学习产生兴趣了。

2

提倡在理解的基础上记忆。理解是记忆的基础，只有对需要记忆的事情产生了深刻的理解，记忆才能得到长久保持。因此，爸爸妈妈要教会女孩的不是依靠机械记忆逐字逐句强记硬背，而是要先理解知识点的具体含义，再找到它与已经掌握的知识之间存在的逻辑联系，这样就能将其纳入自己的知识体系，牢固地保存在记忆中。比如教女孩背诵古文，如果不把意思弄懂，记忆的时候就会非常吃力，但如果掌握了全篇大意，再弄懂其中的难点、生词，在记忆中留下的印象就会深刻得多了。

3

及时复习，经常回忆。有研究显示，暂时记住的内容在 12 个小时后会被遗忘 30% 以上。因此，为了巩固记忆，爸爸妈妈一定要督促女孩及时复习、回忆、反思记住的知识点。比如教女孩在下课后花上三五分钟的时间在头脑中回忆一遍课堂上所学的知识，在晚上临睡前再将当天所学知识复习一遍，并最好一边思考一边用笔记录，这样做就更能够强化记忆、防止遗忘了。

4

科学用脑，提高记忆效率。爸爸妈妈还要注意不要给女孩太多的压力，更不要在她感觉疲劳的情况下要求她复习和回顾知识点。想要提高记忆力，就应当注意科学用脑，不能让女孩的大脑长期处在兴奋的状态。平时爸爸妈妈要多提醒女孩注意休息，保持充足的睡眠和乐观的情绪，这样能够大大提高大脑的工作效率。另外，爸爸妈妈还可以适当在女孩的食谱中增加一些鱼类、鸡蛋、牛奶、蜂蜜等有健脑功效的食物，这对于提高女孩的记忆力也是有好处的。

老师批评我，我不上学了

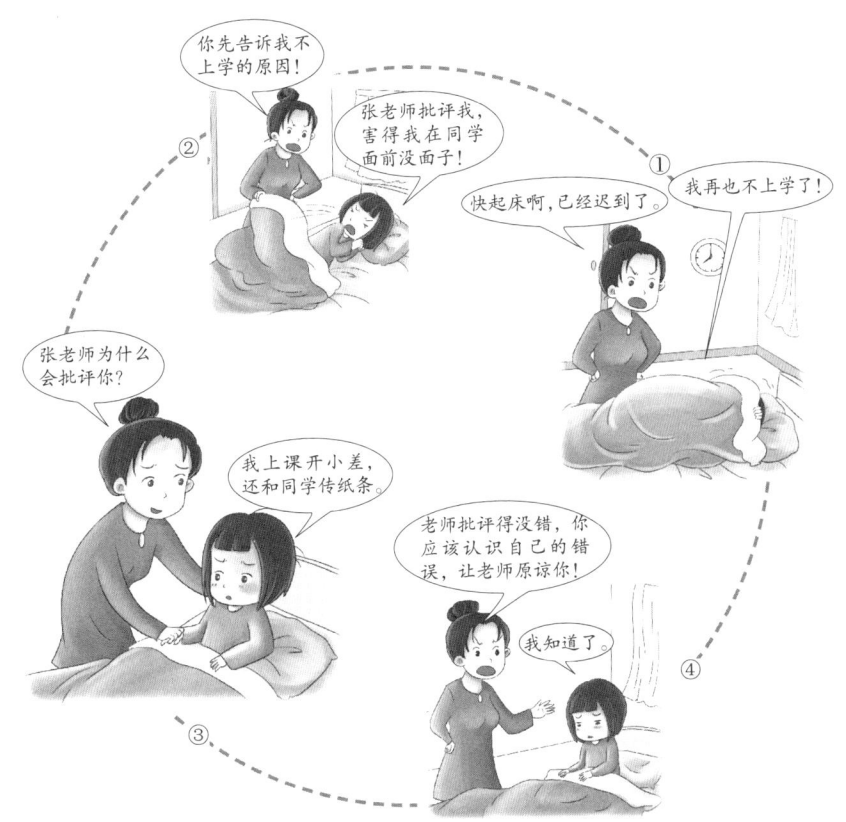

　　女孩受到了老师的批评，心里会很不高兴，认为老师是当着全班同学的面故意"拆她的台"，让她感觉很没面子。女孩会因此对老师满肚子怨气，更有甚者还会产生厌学情绪，用各种手段抗拒上学。在这种情况下，爸爸妈妈应当及时做好引导工作，帮助女孩转变心态，正确面对老师的批评。

1

　　通过沟通了解女孩受批评的原因。爸爸妈妈发现女孩突然不愿意去上学了，应当耐心与她沟通，弄清楚具体发生了什么事情，在梳理事情原委的过程中，女孩有可能会认识到自己的错误并转变态度。如果女孩情绪表现得比较激动，爸爸妈妈也不要逼迫她去学校，可以允许她在家休息一天，并为她请假，但前提是女孩必须向爸爸妈妈坦陈自己心中的恐惧和不满。

2

引导女孩理性对待老师的批评。在女孩陈述被批评的原因后，爸爸妈妈应当和她一起分析。如果受批评确实是因为女孩某些地方做得不好，爸爸妈妈就应当明确地指出女孩的错误，提醒她尽力改正，鼓励她通过良好的表现去赢得老师的认可；不过有时候老师也有可能出现误判的情况，会让女孩感觉十分委屈，这时爸爸妈妈可以对女孩进行安抚，并找老师交流，和老师商量一下补救的措施，以尽可能消除女孩心中的负面情绪。

3

消除女孩对老师的个人看法。女孩遇事容易从感性思维出发，对批评自己的老师可能会产生强烈的厌恶感，继而会影响到该科目的学习。对此爸爸妈妈切忌当着女孩的面贬低老师，而应当尽量维护老师的威信。爸爸妈妈一定要告知女孩：老师提出表扬或批评都是出于好意，是希望学生能够取得更大的进步。爸爸妈妈还可以提醒女孩设想一下，如果老师发现了学生身上的问题却不指出，那么对于这个学生的成长就会产生极大的危害。通过这些方法，女孩一定会尊重老师，并虚心接受老师善意的批评。

又没考好，我是不是很笨

女孩在学习过程中因为某些原因而遭遇挫折，会让她产生对学习的无能感，觉得成绩不佳是因为自己笨。这种情况是比较普遍的，美国幼儿教育学家凯茨还为它起了个专门的名字，叫"习得性愚蠢"。在女孩怀疑自己的能力、认为自己笨的时候，爸爸妈妈应当及时开导，否则女孩消极的认识根深蒂固后，就更会以此为借口放弃主观努力，那时就真会变成"笨孩子"了。

1

用事实来改变女孩对自己的看法。爸爸妈妈可以用事实来向女孩证明：

其实她一点也不笨。比如在某些方面她的表现比较出色，如在做家务、玩游戏、参加趣味竞赛的时候，这说明她并非像自己想象的那样一无是处。爸爸妈妈还可以多对她表现好的方面进行积极的评价，使她能够品尝到成功的快感，帮助她走出"我很笨"的心理阴影。

2

改善学习上的"笨办法"。有时女孩完不成学习任务，或是成绩较差，并不是因为笨，而是因为没有掌握科学、高效的学习方法。比如她没有掌握知识与知识之间的联系，没能形成相应的知识结构，导致考试时张冠李戴出现错误；再如她不懂得合理利用时间，结果整天忙忙碌碌、加班加点学习，但实际掌握的知识却很有限……对于这些问题，爸爸妈妈可以多跟老师沟通，了解女孩在学习方法方面存在的不足，并虚心向老师求教，想办法帮助女孩掌握良好的学习方法，让她学得更轻松、更好。

3

停止对女孩的负面暗示。在女孩因为学习成绩不如意而沮丧、失落的时候，爸爸妈妈切勿再对她进行负面的心理暗示，如随口说女孩"真笨""真差劲"等等。也许爸爸妈妈的无心之语，就会让女孩接收到了"笨"的信息而更加否定自我。另外，爸爸妈妈也不要总是在女孩面前反复提起别人家聪明的孩子，这会让女孩在对比之下感觉更加自卑。

1

用勤奋来创造奇迹。天才毕竟只是少数，大多数人的智商其实都处于平常的水平，不过勤奋能够创造出奇迹，让智商一般的女孩也能变得更加优秀。因此，在女孩说自己笨的时候，家长要学会辩证地看待，有时候女孩成绩不佳，可能是因为比较懒惰或没有将注意力放在学习上。对于这样的情况，爸爸妈妈一定

要告诫女孩不要再用"笨"为借口放弃努力，而是应当更加勤奋地学习，不断取得进步。

打游戏会上瘾，学习怎么不会

"上瘾"，就是强烈喜爱某种事物，直至形成了癖好。一般能够让人上瘾的事情，如玩游戏、看电视、上网聊天等等都会让大脑体会到一种愉悦感和欣快感，所以人们就会不断重复做这样的事情以重获这种感觉。爸爸妈妈不妨

利用上瘾的这种心理原理，想办法让女孩爱上学习，并从学习中获得快乐的感觉，从而逐渐对学习上瘾。

1

从趣味性的知识入手。想要让女孩对学习上瘾，爸爸妈妈可以根据她的爱好，引导她在课余学习一些富有趣味性的知识，像她喜爱的历史故事、地理故事、趣味常识等等。当这些知识本身对女孩具有吸引力时，她就会渴望学习更多，也更加乐意去完成一些复杂的学习任务，在这种良性循环的过程中她就会渐渐爱上学习。

2

建立学习成果评价体系。女孩容易对游戏而不是学习上瘾，有一个突出的原因是学习成果无法做到像游戏成果那样容易评价。游戏中打怪升级都有具体的数值显示和对应的奖励，可是学习中学到了多少知识却无法用一个清晰的标准衡量。为此，爸爸妈妈不妨和女孩一起建立一种学习成果的评价体系，并做成具体的图表贴在家中。比如女孩掌握了 30 个单词，可以评为"1 级"；掌握 60 个单词，评级为"2 级"……每级还可以设置相应的奖励，让女孩在学习时也能获得一种过关升级般的快感，这样女孩学习的积极性就会更高了。

3

带着快乐的情绪与女孩交流学习问题。情绪是具有辐射性、感染性的，想要让女孩对学习上瘾，爸爸妈妈就要在家中创造一种快乐的情绪氛围。在与女孩交流关于学习的事情时，爸爸妈妈一定要注意带着轻松、愉快的情绪，可以多用幽默的语言淡化学习的难度，这样能让女孩感到学习是快乐而不是负担。相反，如果爸爸妈妈经常板着面孔、用生硬的语气指点女孩的学习情况，会让女孩感到学习是件严肃、乏味的事情，以至于一提学习就烦，更谈不上会对学习上瘾了。

紧张与成绩"成反比"

　　不少女孩在考试到来之前，很容易出现紧张情绪，而且越是重要的考试她就会越紧张、不安，总觉得自己还有很多知识没有掌握。可越是拼命复习就发现越是生疏，到了真正考试的时候就会出现大脑一片空白的情况，考试成绩也会受到很大影响。不仅如此，紧张情绪还会让女孩呼吸加快、心跳加剧，并引起失眠、食欲下降、情绪失控等多种问题。所以，爸爸妈妈一定要注意帮助女孩摆脱考前紧张。

1

帮助女孩放下思想包袱。有的女孩对考试成绩看得过重，特别害怕失败，所以在考试前会出现严重的紧张情绪。这时，爸爸妈妈可以帮助她认识到考试不过是对过去一个阶段所学知识的检阅。如果考不好，只能说明她对知识的掌握还不到位，她就可以根据考试结果来查缺补漏，争取下一次考试能够做到更好。通过这样的心理暗示，女孩会在心中不知不觉地将考试的重要性进行下调，考前紧张自然也能得到一定缓解。

2

不要对女孩提过高的要求。爸爸妈妈还应当经常自审，看看自己有没有在不经意间对女孩的考试成绩提出了过高的要求，比如是否对女孩说过，"你要是能考进前十名，我们的辛苦也就没有白费""你就不能考个 100 分，让爸爸出去有点面子"等等。类似这样的言语虽然可能是无心之语，但给女孩造成了不小的压力，她生怕考砸了会让爸爸妈妈失望，结果加重了考前紧张。所以，爸爸妈妈平时应当避免向女孩施加压力，对女孩的学习成绩应以顺其自然为宜。

3

适当转移女孩的关注点。考前女孩感觉紧张不已的时候，爸爸妈妈要尽量少与她讨论和考试有关的话题，以免加剧她的紧张。爸爸妈妈不妨试着去帮助她转移关注点，比如暂时停止复习，全家人一起看喜剧电影，或是一起聊天，谈谈最新的趣闻，等等，主要目的是让女孩紧绷的神经和疲倦的大脑得以放松。

爸爸妈妈还可以教会女孩一些消除考前紧张的小窍门。比如在进入考场前稍作活动，如深呼吸、踢腿、扭腰、扩胸等等，这样可以让紧绷的肌肉放松，有助于消除一部分紧张情绪；还可以闭上眼睛，想象自己正处在一片宁静、美好的大森林里，这样可以让心情也跟着沉静下来，也有助于从容应对考试。

粗心大意，弄丢了分数

由于粗心大意，女孩在学习中经常会出现做错简单的题目、丢失不该丢失的分数的情况。对于粗心大意，爸爸妈妈一定要提醒女孩引起高度的重视，

不能总想着"粗心只是小问题，下次注意就好"。因为说到底粗心还是学习能力有欠缺，所以才会出现计算错误、审题不清、基本概念不扎实、不会检查等各种各样的问题。要想有所改变，爸爸妈妈就要督促女孩在这些方面多下功夫：

1

培养正确的计算习惯。粗心大意的一种典型情况是计算错误，像点错小数点、写错数位、抄错运算符号、漏写数据等等，而这与计算时不够认真、喜欢图快而省略必要步骤有很大的关系。所以爸爸妈妈应当教会女孩在计算时不要简化步骤，比如在解方程时，去分母、去括号、移项、合并同类项等步骤一步都不能少，千万别想着把几步并作一步来进行。而且书写的时候也要注意字迹清晰、数据准确，这样在计算时粗心大意的问题就会较少出现了。

2

集中精力看懂题意。没有审清题意就急忙动笔，也会造成粗心大意的错误。比如女孩一看到题目觉得非常熟悉，很像老师讲过的某题目，这时她也不仔细琢磨，就三下五除二写下答案，结果自然会出现问题。像这种情况就必须提醒慢慢审题，一定要彻底读懂题意，特别是要弄清楚各种已知条件和最后的问题，在确定解题思路后再去下笔，千万不要想当然。

3

彻底掌握基本概念。有的基本概念看似浅显，但女孩却不一定能够做到彻底掌握，以至于屡屡出现难题能做对、简单的基础题却出错的情况。对此爸爸妈妈可以经常帮她做一些复习巩固的工作，对于已经学过的概念要不时地进行一番系统的梳理，找到概念模糊的地方就将它彻底搞懂弄通。只有先把基础打好，才能考虑进行加强训练，否则下次遇到基础题目还是会出现类似的错误。

4

　　学会检查、反思、总结。仔细检查是减少粗心大意的一个好办法，爸爸妈妈可以在平时督促女孩认真检查每天完成的作业，以帮助她养成这种好习惯。在检查的时候，爸爸妈妈应当要求女孩注意力集中，仔细地审查每一道题、每一个结果。如果时间充裕的话，还可以让她试着用不同的方法解同一道题目，这样既能检查结果是否准确，又能锻炼思维，提升学习能力。

学习不是别人的事情

有的爸爸妈妈会为女孩的学习态度不够积极而感到烦恼。女孩似乎总觉得学习是别人的事情，为了完成任务一直在被动学习，写作业需要爸爸妈妈督促、陪伴，遇到难题不会主动积极思考，更做不到在课余主动吸收更多的知识，导致学习成绩难以提升。为了解决这些问题，爸爸妈妈要注意激发女孩自我学习的意识，想办法变"为别人学习"为"为自己学习"，使她能够对学习充满兴趣和激情。

1

帮助女孩明确学习的重要价值。爸爸妈妈应当帮助女孩了解学习的真正意义，之所以要让她坚持刻苦学习，不是为了考卷上漂亮的分数，而是为了让她能够吸收更多有意义的新知识，掌握更多实用的学习方法。学习能够开启她的智慧，拓宽她的视野，提升她的能力，使她成长为优秀的人才，在将来的人生道路上能够实现更多的梦想、取得更多的成就。为了方便女孩理解，爸爸妈妈不妨将学习与她的个人愿望联系起来，只有现在好好学习，才能掌握各种技能，实现梦想成为医生、老师、律师等等。这会让她逐渐发现：学习对于自己来说，确实是一件非常重要的事情。

2

让女孩在学习中发现成就感。有的女孩可能会因成绩不佳而对学习丧失兴趣，变得非常被动。对于这种情况，爸爸妈妈要仔细观察，捕捉发现她的一些微小的进步，并以此为契机对她进行鼓励，使她重新燃起信心。比如，她这次考试比上次提高了 1 分，她今天比昨天多读了半小时的课本，她没有依靠爸爸妈妈就独立完成了一次作业，等等。这些"成就"看起来可能不值一提，但只要能够善加利用，就会让女孩对学习逐渐产生兴趣而变得积极起来。

3

鼓励女孩学习课本以外的知识。爸爸妈妈还应注意不能把学习等同于学课本、做作业，这些并不是学习的全部内容。想要让女孩不断获得提高，就要在她精力允许的前提下，鼓励她主动去探索课堂以外的知识。比如女孩对一些科普类的图书产生了兴趣，爸爸妈妈就不要阻止她读"闲书"，反而应当给予她一些支持和赞许。因为读书也是一种主动学习的形式，不仅能够丰富女孩的知识体系，还能让她找到更多学习的乐趣。

4

教会女孩自己的学习自己做主。为了培养女孩主动学习，爸爸妈妈应当改变代查代写作业、陪读等一些不好的做法。比如写作业的目的是为了复习所学知识，可有的爸爸妈妈由于怕女孩辛苦，在女孩撒娇之后就代替她把作业写完了。这不仅会让女孩失去一次复习的机会，还会让她养成依赖心理，把爸爸妈妈当成是自己学业上的"拐杖"。因此，爸爸妈妈在女孩学习的问题上应学会放手，教她自己努力、自己思考、为自己学习。

女孩真的不如男孩聪明吗

社会上有不少人认为"男孩比女孩聪明"，还有人总是说"女孩小时候表现得很聪明，可是到了上中学学到物理化学课程的时候，就完全不如男孩聪明了"。可事实上，经过科学家、教育学家的反复研究论证，早已确定男孩女

孩在智力水平上并没有明显差异。认为女孩不如男孩聪明的观点没有科学依据
的，爸爸妈妈千万不要受到它的影响。

1

　　认清男孩女孩有各自擅长的领域。很多女孩数理化课程的成绩不如男孩，
其实并不是因为女孩不如男孩聪明，而是由于男女结构中的优势因素不同。比如，
男孩在视觉空间能力、数学演算能力、逻辑推理能力、实验观察能力等方面比较
擅长，而女孩的优势则更多地表现在语言能力、形象思维能力、色彩辨别能力、
机械记忆能力等方面。正是因为这样，男孩常常会在理科方面大显身手，而女孩

往往会在文科方面一展所长，所以不能单单从某一科目学习成绩欠佳就得出女孩不够聪明的结论。

2

对女孩的教育也要注重数理、逻辑、观察能力。受到社会习俗、传统观念的影响，爸爸妈妈在教育女孩的时候总是自觉或不自觉地偏重于情绪、感受方面的体验，比如看见马路上的汽车，爸爸妈妈会对女孩强调"汽车多么漂亮、有什么颜色"这样的感受体验，可与此同时男孩的爸爸妈妈却常常会让男孩数数有几辆车，并教会他辨识各种车的标志和名称。这种截然不同的教育方法无疑也会影响到女孩在数理、逻辑、观察方面的能力发展。因此爸爸妈妈平时教育女孩的时候应尽量运用理性思维，注重数理逻辑训练，这样对于她将来的理科学习是有帮助的。

3

尽量避免对女孩灌输负面思想。爸爸妈妈平时在和女孩交流时，应当注意避免说一些"你是女孩，数理化没有男孩学得好很正常""女孩成绩差不多就行了，不用像男孩那么拼"之类的言语。潜意识的力量不容忽视，女孩若经常接触到这样的负面思想，就会不知不觉地影响她对自我、对学习的认识。她可能会怀疑自己的能力和智慧，在学习上遇到困难不是想办法去克服，而是会选择敷衍了事。这不仅会影响她的学习成绩，还会影响她日后的成长和发展。所以爸爸妈妈千万不要随意地打击她，而是应当激励她独立思考、力争上游，使她能够成长为不输男孩的优秀人才。

第五章
Chapter 5

再见，坏毛病

- 钱，怎么这么不经花呢
- 拖拖拉拉，时间就这么过去了
- 我不想再做"邋遢大王"了
- 不是我的不能拿
- 爱插嘴的女生很讨厌
- 我又说谎了
- 越来越懒，什么都不想做
- 不讲信用会失去朋友
- 放不下手机的小小"低头族"

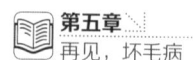
▶ 钱，怎么这么不经花呢

爸爸妈妈给女孩一些零花钱，让她自主支配，有助于培养她良好的理财意识。但实际上，由于女孩在消费时缺少计划，再加上没有养成节约的习惯，往往会在花钱时大手大脚，胡乱地买回一些用处不大的东西，让爸爸妈妈感到很是头痛。

家长该怎样改变女孩乱花钱的坏毛病呢?

1

合理发放零花钱。给女孩零花钱应当有节制，不能随意多给，要控制在家庭经济条件允许的范围内，同时可以参考女孩合理的消费水平来做预算。比如，计算女孩每天的交通费、餐费、购买学习用品的费用大约为20元，那么可以采用每周发放的形式，发给她150元，多出的50元供她灵活支配，可用于购买一些自己喜欢的用品。爸爸妈妈在向女孩发放零花钱时还要和她做好约定，如果她胡乱消费提前把钱用完，剩下的时间要花钱只能向爸爸妈妈暂借，而且必须打借条，并从下个月的零花钱中扣除。这样做有助于约束女孩的消费，使她养成理性花钱的习惯。

2

了解零花钱的去向，教会女孩按计划消费。爸爸妈妈可以抽时间仔细了解一下女孩是怎么使用零花钱的，重点是看她有没有乱花钱。为了督促女孩养成按计划消费的习惯，爸爸妈妈还可以为她准备一个笔记本，让她自己做一个为期一周或一月的开支计划表，然后严格按照计划使用零花钱并记好账。到了周末或月底，爸爸妈妈可以检查一下女孩的"账本"，发现钱用得合理、记得清楚，还可以给予一定的奖励，以提升她按计划消费的积极性。

3

教给女孩一些理财的知识。爸爸妈妈还可以教会女孩省钱的好办法，比如买东西前货比三家，挑选便宜的购买等等。对于节省下来的钱以及过年获得的压岁钱等，女孩可以积攒起来存入单独的银行账户。爸爸妈妈可以告诉女孩："这是你的个人账户，你可以把钱存进去，这可是一个能够让'钱生钱'的好办法。"至于女孩想要存灵活性好的活期，还是利息率高的定期，也都由她自己决定。经过这样的锻炼之后，女孩在理财时就不会再像以前那样盲目。

4

制止攀比、虚荣消费行为。女孩有时买某件东西并不是因为真正需要它，而是抱着"同学都有，我也必须有"的攀比心理，进行不理智的消费，将自己的零花钱花光。对于这类行为，爸爸妈妈应当密切关注、及时制止，争取将攀比风扼杀在萌芽期，以免影响女孩心理健康；同时爸爸妈妈也要以身作则，树立一个好的榜样，让女孩形成正确的消费观和价值观。

▶ 拖拖拉拉，时间就这么过去了

女孩做事拖拖拉拉、慢条斯理，让爸爸妈妈看在眼里、急在心上。之所以会出现这种情况：一方面可能是因为女孩缺少时间概念，不会像成人那样具有时间紧迫感；另一方面也可能是因为女孩做事注意力不集中，很容易受到周围环境的影响而忘记手中要做的事。爸爸妈妈不妨从这两方面入手，帮助女孩改掉做事拖拉磨蹭的坏毛病。

1

培养女孩的时间意识。爸爸妈妈应当让女孩认识到"时间是世界上最宝贵的财富""珍惜时间就是珍惜生命"这样的道理，还可以给女孩讲一些著名的成功人士珍惜时间的小故事，使女孩受到正面的感召。另外，爸爸妈妈还可以对女孩进行"一分钟训练"，如练习在一分钟内以最快的速度写字，以最快的速度记单词，并统计结果，让女孩自己感受短短一分钟的时间还可以做不少事情，从而逐渐理解时间的重要意义，并养成珍惜时间的好习惯。

2

和女孩一起制定时间计划表。为了加强女孩的时间观念，爸爸妈妈还可以和她一起制定时间计划表。比如将早晨起床到出门上学的短暂时间合理安排，做成任务清单。如 6:30 起床；6:40 分洗漱完毕；6:50 穿戴完毕；7:10 早饭完毕；7:20 整理完毕、准备出发。以同样的方法还可以制定"写作业计划表""睡前计划表"等，并做成表格贴在卧室的墙上。女孩按时完成一项任务，就在表格上相应位置打钩，这可以带给她成就感，从而坚持下来。

3

为女孩营造集中注意力的环境。为了帮助女孩集中注意力，爸爸妈妈可以将周围干扰她的因素尽量消除。比如女孩在做作业的时候注意力不集中，爸

爸妈妈可以将她手边的玩具、漫画书、手机等暂时没收，督促她专心学习；同时爸爸妈妈自己也要注意降低聊天、看电视的声音，以免女孩受到声音的打搅；有的爸爸妈妈习惯在陪女孩做作业的时候发表意见，时不时地指出她哪里写得不好、哪里有错误，殊不知这样做会打乱女孩的思路，并会影响她的专注力。所以爸爸妈妈应学会放手让女孩独立完成作业。

4

将学习和玩耍的时间合理划分。想让女孩一直保持注意力高度集中是不现实的，如果学习时间太长，大脑就会感觉疲劳，学习效率也会变低。因此爸爸妈妈可以帮助女孩划分时间，比如复习功课总共需要花费 1 个小时的时间，那么女孩可以将其分为三个阶段，每个阶段集中注意力认真复习 20 分钟，每完成一个阶段的复习就休息或玩耍 10 分钟。这样安排之后，注意力集中的难度就会下降，女孩完成起来也就更加轻松了。

▶ 我不想再做"邋遢大王"了

养成良好的卫生习惯，既有助于打造赏心悦目的个人形象，也有利于身体健康。可有的女孩却染上了不讲卫生的坏毛病，总是邋邋遢遢的，在学校也不会受到老师和同学的欢迎。想要改变这种情况，爸爸妈妈一味依靠说教式的批评是无济于事的，只有想办法抓住时机进行引导，才能起到作用，让"邋遢大王"变得勤快干净起来。

1

　　告知女孩讲卫生的重要性。女孩不懂得讲卫生的重要性也是很正常的，爸爸妈妈应该不厌其烦地给她讲讲这方面的道理，让她意识到不讲卫生会有很多害处。比如女孩每天接触书本、文具、电子产品等各种物品，手上就会沾染无数的细菌，如果不认真洗手就吃东西，就很容易将细菌带入口中、让细菌进入体内，引发各种疾病，也就是人们常说的"病从口入"。为了让女孩更容易接受讲卫生的观念，在身边有人因个人卫生问题生病的时候，爸爸妈妈可以抓住时机对女孩进行健康卫生教育。爸爸妈妈还可以借助女孩喜爱的书籍、影视作品来纠正她的坏毛病。比如女孩爱看的韩剧，主人公都很注意外表的整洁、干净，

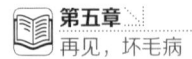

家中也打理得一尘不染，爸爸妈妈就可以适时地向女孩指出这一点。此时爸爸妈妈的语气可以轻松一些，看似随意提起，却会让女孩有所感悟，并愿意效仿。

2

向女孩明确讲卫生的具体要求。讲卫生虽然只有简简单单三个字，却包含了很多应当注意的生活细节，需要爸爸妈妈具体地向女孩讲清楚，使她明白怎样做才符合讲卫生的要求。比如早晚要刷牙、洗脸，饭前便后要认真洗手，平时要勤剪指甲、勤洗澡换衣服、不乱丢垃圾，等等。因为讲卫生的细节比较多，所以爸爸妈妈可以将它们一条条写在纸上，再贴在家中比较醒目的位置，使女孩能够常看常学，在不知不觉中形成深刻的印象，并逐渐养成讲卫生的好习惯。

3

停止对女孩个人卫生事务的包揽。爸爸妈妈过度宠爱女孩，对她的个人卫生事务全部包办，也是造成女孩卫生习惯差的一个原因。随着女孩年龄的增长，爸爸妈妈完全可以放手让她去做一些力所能及的事情，像洗袜子、洗手帕、叠被子、整理房间等等都可以让女孩自己去处理。一开始女孩可能做得不够好，爸爸妈妈也不要苛刻，可以耐心地对她进行指导，慢慢地她就能把个人卫生打理得清清爽爽了。

不是我的不能拿

这是谁的？

是小强的。

②

①

老师，我的铅笔刀不见了。

千万别被发现。

你拿走了小强的东西，他会难过。

好吧，我明天还给他。

你认识到自己的错误了吗？

不是我的不能拿！

③

④

　　在女孩成长的过程中，爸爸妈妈可能会遇到她未经允许就偷偷拿走别人东西的情况。出现这种情况的原因有很多，比如女孩对没见过的东西感到好奇，或是因为心理不平衡的，觉得"别人有的东西为什么我没有"，或是希望通过偷拿东西的行为唤起家人对自己的关注……所以爸爸妈妈在处理时不能一概而论，而是应当深入了解女孩的心理。只有这样，才能找到正确的方法，帮助女孩纠正这个坏毛病。

1

帮助女孩建立"所有权"的观念。女孩对于"你的""我的""他的"这种物权观念可能还不是很清楚，特别是年龄较小的女孩常会理直气壮地拿走自己喜欢的东西而不考虑别人的感受。为了解决这种问题，爸爸妈妈要在生活中尽早为女孩建立所有权的意识，比如可以明确地指出家中哪些东西是女孩的，哪些东西是爸爸妈妈的，如果想要拿别人的东西，必须经过允许，否则就要接受一定的惩罚。通过这样的办法就可以让女孩逐渐懂得尊重别人的所有权了。

2

给女孩一些应有的关注。如果女孩拿走别人的东西只是想要引起关注，那么爸爸妈妈就应该作自我反省，看看是不是平时对女孩不够注意、不够关心，才让她出现了这样的异常行为。为此，爸爸妈妈应当尽量抽出时间来多陪伴女孩，和她一起做手工、玩游戏、做亲子阅读等等，并适当地对她的良好表现给予表扬，使她不再有被冷落的感觉，她也就会改掉这个毛病了。

3

引导女孩勇敢承认错误。女孩拿了别人的东西，爸爸妈妈一定要严肃地指出她的行为是错误的。为了说服女孩承认错误，爸爸妈妈还可以采用换位思考的办法，提醒她想象一下别人在丢失东西后的感受，然后督促她尽快物归原主。同时，爸爸妈妈还应要求女孩向别人道歉，这样才能教会她对自己的行为负责任，也有助于防止她下次再犯同样的错误。

4

在教育的同时要顾及女孩的自尊心。有的爸爸妈妈一遇到女孩拿东西的情况就会暴跳如雷，把她的行为视为"偷窃"，对她责骂、训斥，甚至用"小偷""贼"

之类难听的字眼给她贴上标签。这样做只会严重伤害女孩的自尊心，使她感觉抬不起头来，严重时可能还会引起一些心理问题。其实有时女孩拿别人东西的目的可能就是单纯的喜欢或好奇，爸爸妈妈过度的反应却会让她无所适从。对此，爸爸妈妈在教育时要注意委婉一些、温和一些，只有这样才不至于对女孩的成长产生负面影响。

爱插嘴的女生很讨厌

随着女孩语言能力的发展，她越来越在意自己的话语权，因急于表达而忽略了别人的感受，所以经常会出现干扰和中断别人谈话的情况。比如有时她会要求所有人都必须停下来听她讲话，有时她会随意插嘴，让人觉得很不懂事。对于女孩爱插嘴的问题，爸爸妈妈不能粗暴地指责她，而应当用心去了解一下女孩内心的想法，找到她插嘴的原因，能帮她纠正这个坏毛病。

1

给女孩足够的关注。很多时候，女孩爱插嘴可能是想引起爸爸妈妈的关注。比如爸爸妈妈专心打电话或是与其他人谈话时，女孩会有一种被忽略的感觉，她就会用插嘴的方式来提醒爸爸妈妈"我还在这儿呢"。在这样的情况下，爸爸妈妈应该注意避免让女孩感觉被冷落、被忽略。在与别人谈话之前，爸爸妈妈可以郑重其事地将女孩介绍给对方认识，这会让女孩感觉自己很重要；而在谈话过程中，爸爸妈妈也可以不时地给女孩一个温暖的微笑、一个温柔的抚摸，这能够让女孩的内心感觉安定，她就不会用插嘴来博取存在感了。

2

满足女孩的好奇心。女孩爱插嘴，还有一个可能的原因是对谈话者谈话的内容产生了兴趣，所以她会迫不及待地提问或直接发表见解。这时爸爸妈妈要耐心进行引导，先指出她随意插嘴的行为是不礼貌的，再对她感兴趣的问题进行解释，以满足她的好奇心和求知欲。

3

转移女孩的注意力。有时女孩插嘴仅仅是因为感觉无聊。在这种情况下，爸爸妈妈可以事先安排好女孩的活动，让她感觉有事可做，就不会把注意力都放在别人的谈话上了。比如，爸爸妈妈可以让女孩看看有趣的童书绘本，让她做一些能吸引注意力的小手工等。让她变得忙碌起来，也就没有闲暇去插嘴了。

　　此外，爸爸妈妈可以教给女孩一些谈话的技巧，使她意识到什么时候可以说话，什么时候应该保持沉默。比如在谈话时应当按顺序发言，在其他人发言的过程中应当耐心等待；确实有话要说的情况下，可以先举手示意，经发言人同意后再说话；等等。当然，想让女孩很快习惯这些谈话礼仪并不容易，所以爸爸妈妈也可以在女孩说话时故意插嘴，让她体验一下说话被打断的感受，之后再问问她感受如何。有了这样的亲身体验后，女孩就更容易明白为什么不能随意插嘴，更快学会不随意插嘴的谈话礼仪了。

我又说谎了

说谎是一些女孩常见的坏毛病。随着本能的自我保护意识的觉醒，她会对趋利避害有一些朦胧的认知，当她想要逃避惩罚或是为了获得某种好处的时候，就会开始说谎。面对说谎的问题，有的爸爸妈妈常常会感到生气和苦恼，并会对女孩进行比较严厉的惩罚。可是打骂、训斥等严厉的惩罚形势却会让女孩觉得更加恐慌，以后遇到类似情况时她更有可能采用说谎的方式来保护自己。

那么，爸爸妈妈应当如何理性地处理女孩爱说谎的坏毛病呢？

1

重视女孩的第一次说谎。爸爸妈妈在发现女孩开始学会说谎后，千万不可掉以轻心，应当立刻指出女孩的错误，并明确告知她说谎的害处。比如会失去朋友、同学的信任，成为被孤立的人等，并可以用《狼来了》《匹诺曹》这些故事来加深印象。这时女孩也还只是刚刚尝试说谎，内心也会感觉不安，当她发现大人没有她想象中那么好骗后，她就会自觉地承认错误，而且下次也不会试图用谎言来蒙混过关了。

2

女孩犯错时处罚要适当。在女孩平时犯错误时，爸爸妈妈需要按捺住自己的怒火，不要在气头上处罚她，以免她对"犯错误"这件事产生强烈的恐惧感，下次再犯了错，马上就会想到用说谎的办法来逃避处罚。爸爸妈妈教育女孩还是要避免过于严厉，要耐心地指出她的错误在何处，应该如何改正。如果下次再犯同样的错误，总的来说，爸爸妈妈可以适当处罚，但仍然要避免训斥、体罚。此外，爸爸妈妈还可以鼓励女孩主动承认错误，如果她愿意说实话，之后就可以减轻一些处罚，这样也能逐渐培养她诚实、负责的好品质。

3

为女孩做出诚实的好榜样。为了教会女孩不说谎，做诚实的孩子，爸爸妈妈也要注意留心自己的言行，为女孩做好诚实的榜样。如果爸爸妈妈经常在女孩面前撒谎，女孩心中就会产生"爸爸妈妈都可以说谎，我为什么不能"的想法，于是她就有了充分的理由说谎。爸爸妈妈应当严格要求自己，在女孩面前一定要多说真话，这样才有可能杜绝她模仿性说谎的问题。

越来越懒，什么都不想做

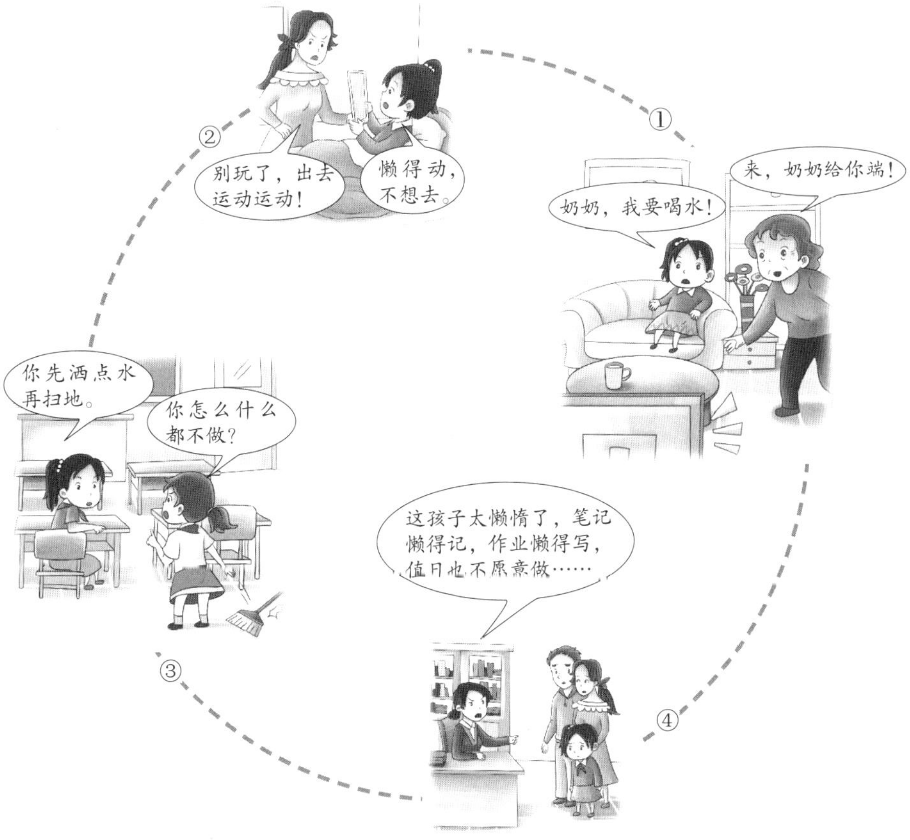

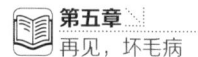
女孩越来越懒，什么都不想做，让爸爸妈妈感到十分无奈。爸爸妈妈不停地责备女孩的懒惰，却很少会想到这种情况与家庭教育方式出现偏差有很大的关系。由于爸爸妈妈和其他家庭成员将女孩看作掌上明珠，对她极为溺爱，什么都为她代劳、包办，没有给她提供任何的锻炼机会。久而久之，就会让女孩变得懒惰，生活自理能力也很差，对她将来的成长和发展十分不利。

因此，爸爸妈妈对于女孩懒惰的问题切莫姑息，应当从现在开始对她进行锻炼，使她逐渐摆脱懒惰的坏毛病。

1

多说"你去做"，少说"让我来"。爸爸妈妈应当经常让女孩去做一些力所能及的事情，而不要事事都说"让我来"。比如有的女孩上学、放学有人帮忙背书包，回家有人帮忙换衣、换鞋，吃饭有人帮忙盛饭夹菜，就连吃水果也都要爸爸妈妈帮着剥皮，这样就会让她逐渐养成懒惰的习惯。她不仅不爱劳动，还不懂得体谅爸爸妈妈。要改变这种情况，就需要爸爸妈妈及时放手，女孩自己的事自己动手完成。

2

激发女孩劳动的兴趣。一想到劳动，女孩可能就会联想到"劳累""无聊"之类的词，她变得懒惰也有对劳动不感兴趣的原因。对于这种情况，爸爸妈妈可以从一些有趣的、有美感的、需要技巧性的劳动任务入手，悉心指导女孩去完成，使她慢慢发现劳动的乐趣。比如，让女孩和妈妈一起比赛包饺子，教她种花、做一个简单的纸杯蛋糕等等。这些劳动会让女孩感觉新鲜、有趣，也会乐于参与。

3

用适当的奖励对她进行激励。想让女孩改掉懒惰的毛病，变得勤劳起来，并不是一朝一夕就能达到的事情。有时女孩可能会有对所做的事情坚持不下去的感觉，爸爸妈妈就应当注意不断地对她进行鼓励，对她好的表现要及时给予赞美，必要时还可以给予一定的物质奖励，使她能够克服惰性、充满干劲。比如女孩在一段时间进步很大，能够独立完成不少事情，爸爸妈妈就可以奖励她适量的零花钱、喜欢的课外书、益智玩具等等，使她能够获得一种成就感和满足感，积极性也会变得更高。

不讲信用会失去朋友

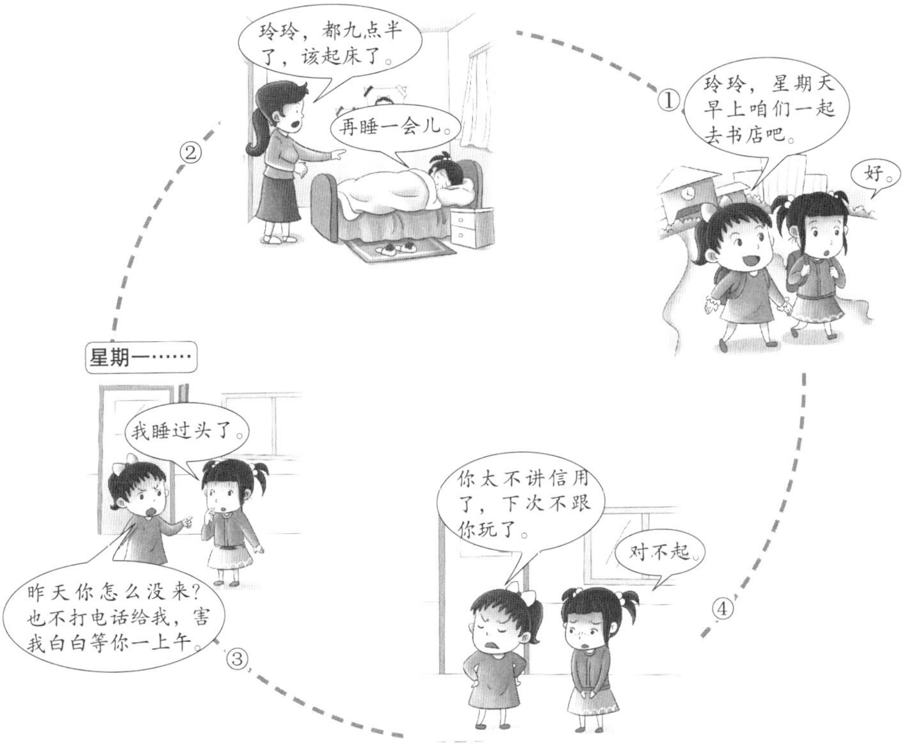

② 玲玲，都九点半了，该起床了。

再睡一会儿。

① 玲玲，星期天早上咱们一起去书店吧。

好。

星期一……

我睡过头了。

昨天你怎么没来？也不打电话给我，害我白白等你一上午。③

你太不讲信用了，下次不跟你玩了。

对不起。

④

信守承诺，是一种非常可贵的品质，能够赢得别人的信任，对人际关系的构建很有帮助。可是在现实生活中，爸爸妈妈常常会发现有一些女孩存在不讲信用的问题。出现这类问题，可能是因为女孩还没有形成对承诺的正确认识，在许诺的时候带有很大的随意性，而且也没有学会对自己的言语负责。为此，爸爸妈妈应当注意引导女孩，使她逐渐意识到：答应别人的事就一定要做到。

1

多搜集素材启发女孩讲信用。爸爸妈妈在教育女孩讲信用的时候，可以多从她喜爱的电视剧、动画片、绘本、故事中搜集相关的素材对她进行启发。比如古代有个叫季布的义士就非常讲信用，他只要答应了别人做某事，哪怕遇到再多困难也要做到。因此当时人们都说"得黄金百斤，不如得季布一诺"，这也是成语"一诺千金"的由来。爸爸妈妈可以用这样的故事告诉女孩：只有信守承诺，才会像季布一样受人尊敬和爱戴。

2

让女孩在承诺之前先认真考虑。爸爸妈妈还要提醒女孩，不要轻易许诺。也就是说，在答应某件事之前，必须先认真审视自己的实际情况和条件，看看自己是不是有把握、有能力做到这件事。如果条件不具备，就不能随意答应别人的要求，否则在完成的过程中很可能会遇到诸多的困难，出现无法兑现承诺的情况。

3

爸爸妈妈要以身作则，增强孩子的守信意识。爸爸妈妈想让女孩成为讲信用的人，那么自己首先也应当做到这一点。爸爸妈妈平时在女孩面前说话和做事都应该谨慎一些，不能信口开河、敷衍了事。比如爸爸妈妈经常口头答应女孩："你要是听话，就给你买好吃的""只要你能考全班第一名，就给你买一台新电脑"等等，结果当女孩达到了要求，爸爸妈妈却未能兑现承诺，并找各种借口，这种给女孩开"空头支票"的做法不仅会让她失去对爸爸妈妈的信任，也会让她不再看重并信守承诺。爸爸妈妈应该审视自己的行为，以"言必行、行必果"的原则来要求自己，才能让女孩受到好的影响，成为讲信用的人。

放不下手机的小小"低头族"

随着电子产品的高度智能化，它的功能越来越强大，女孩玩手机、平板电脑的现象也越来越普遍了。可是长期低头玩手机，不仅会对视力、颈椎等造成严重影响，还会危害心智发育，使社交能力、语言表达能力发生退化。更严重的是，有的女孩连走路都在玩手机，无法及时避开行人、车辆，很容易引发危险。因此，爸爸妈妈应当高度警惕女孩沉迷手机的问题，一定要避免她成为抱着手机不撒手的"小小低头族"。

1

爸爸妈妈自身坚决不做"低头族"。女孩之所以会成为低头族，是因为爸爸妈妈发挥了不少"带头"作用。很多爸爸妈妈自己就是"低头族"，一天到晚不是发微博，就是刷朋友圈，或者用手机、平板电脑玩游戏、看电影，这些都会让女孩对手机产生浓厚的兴趣，并开始像爸爸妈妈一样从手机中发现快乐。另外，有的爸爸妈妈因为事务繁忙，没有时间陪伴女孩，为了避免她吵闹，索性就在手机上下载好游戏、动画片任由她玩。这样做固然是为爸爸妈妈省去了不少烦恼，可女孩也从此染上了玩手机的习惯。总而言之，为了避免女孩玩手机上瘾，爸爸妈妈应当以身作则，减少在孩子面前使用手机的频率，更不要经常教她玩手机。

2

注意控制女孩使用手机的时间和场合。如果女孩已经染上了"机不离手"的坏毛病，爸爸妈妈就要注意控制她的使用时间和使用场合。比如每天可以玩1~2次，时间控制在10~30分钟；在晚上睡觉前1~2个小时内，爸爸妈妈应当监督女孩关掉手机，以免玩手机过于兴奋影响入睡；爸爸妈妈还要叮嘱女孩，在学校时尽量少用手机，以免影响正常的学习，而且一定要避免走路、坐车玩手机的情况。

3

　　多给女孩创造一些与人沟通的机会。女孩沉湎于低头玩手机，无疑失去了很多与人接触的机会，对她交际能力的发展极为不利。为了增强她的交际能力，爸爸妈妈平时要多与她互动和交流，减少她玩手机的时间和精力。同时爸爸妈妈还要经常带女孩参加一些亲人之间的聚会、朋友之间的聚餐、户外亲子活动等等，并要求女孩在参加活动时不携带手机，只有这样才能多为她创造一些与人沟通的机会。

第六章

Chapter 6

都说我是阴晴不定的主

- 我最近比较烦，比较烦
- 动不动就生气
- 整天闷闷不乐
- 爱抱怨就不可爱啦
- 常常感到害怕
- 心里烧着一团嫉妒的火
- 多愁善感的玻璃心

▶ 我最近比较烦，比较烦

又要考试了，好烦啊。

①

什么时候才能写完，好烦啊。

②

怎么总是懒洋洋的，打起精神啊！

老是批评我，好烦啊。

真不明白你哪来的那么多烦恼。

没有人理解我，好烦啊。

④

③

爸爸妈妈可能常常会听到女孩说自己"很烦""烦死了"，这种情绪烦躁是成长阶段中必然出现的情况，在青春期往往会更加严重。因为青春期是女孩自我成长的重要时期，她的自主意识不断增强，非常渴望能够掌控自己的生活，可是这阶段女孩又要面临很多新的任务，需要处理好很多新的关系，遇到学习任务繁重、人际关系发生冲突、家庭成员发生矛盾的时候，她的心中就会产生烦躁的情绪。

那么，爸爸妈妈应该如何帮助女孩排解烦躁的情绪呢？

1

给女孩一定的空间。爸爸妈妈应当给女孩一些自由成长的空间，特别是在追求自主的青春期，爸爸妈妈更应当鼓励她参加正常的社交活动，做一些她想做而又有益身心的事情。对于一些需要决策的问题，爸爸妈妈可以鼓励女孩自己思考、自主决定。同时，爸爸妈妈可以适当提供一些建议和指导，这样可以锻炼女孩的思维，提升她的能力，使她能够从容地应对学习和生活中遇到的许多烦恼，情绪不安的情况也会有所缓解。

2

关注女孩内心的感受。在女孩表现得烦躁不安的时候，爸爸妈妈不要不耐烦地呵斥她、嘲讽她，而是应当多一些宽容和理解。爸爸妈妈可以抽出时间，认真地倾听一下女孩的心声，关注她的内心感受，而不是只关注她的衣食住行或学习成绩。在女孩尽情吐露心声的过程中，她的烦躁情绪也能得到较好的宣泄，对稳定情绪、促进心理健康来说是有好处的。

3

帮助女孩解决让她困扰的问题。女孩烦恼的原因可能有很多，爸爸妈妈在了解其中原委后，要想办法帮助她化解困扰。比如，女孩为了学业上遇到困难而烦恼，爸爸妈妈就可以引导她想办法解决问题，可以让她多回顾自己积累的知识，再试着拓展思维；爸爸妈妈也可以从旁协助，给出建议，帮助她顺利攻克难关、摆脱烦恼。再比如女孩与朋友之间发生了矛盾，她无法解决问题，这时爸爸妈妈就可以鼓励女孩与朋友谈心，对于自己错误的地方要勇敢承认，争取把事情说清楚。这样关系就会得到缓解，女孩也不会因此而烦恼了。

4

　　鼓励女孩参加课外活动。爸爸妈妈还应当注意到一种情况，即女孩说不出自己烦恼的原因，但就是感到心烦、不安。出现这种情况，可能是因为青春期的女孩精力过于充沛，但又找不到适当的地方发泄过剩的精力，结果难免就会出现烦躁的情绪。在这样的情况下，爸爸妈妈可以多鼓励女孩积极参加一些文体活动，如打球、跑步、唱歌、跳舞等等，这样既能够消耗过剩的精力，又能够扩展她的视野、提升她的能力，并且还有陶冶情操、调节情绪的作用，可谓一举多得。

▶ 动不动就生气

很多爸爸妈妈可能会抱怨自家的女孩脾气越来越大，稍有不如意的事情就会生气发脾气，严重时还会又哭又闹、大吼大叫、乱摔东西。出现这种情况，一方面可能与爸爸妈妈平时对女孩的溺爱有关，因为女孩知道生气发脾气可以让爸爸妈妈"服软"，所以她会有意识地常常这样做；另一方面则可能是因为女孩能力有限，无法解决一些问题，造成了挫折感，所以她会把闹情绪当成一种发泄的途径。

无论女孩生气是出于哪一种原因，爸爸妈妈都应当及时进行引导，以免坏情绪伤害女孩的身心健康，对她的成长造成不良影响。

1

正确认识女孩爱生气的问题。女孩动不动就生气，爸爸妈妈要高度重视，并学会分析隐藏在她的情绪背后的诉求，然后根据情况进行适度的安抚和引导。比如她是因为遇到了挫折而生气，爸爸妈妈就可以态度温和地对她进行开导，鼓励她鼓起勇气渡过难关；再如她是因为身体不适、疲劳过度等而生气，爸爸妈妈就应该细心地安慰和照料她，使她及早恢复健康和活力；此外，对于她无缘无故生气的情况，爸爸妈妈可以适当进行冷处理，待她情绪平静之后再和她谈谈如何控制情绪的问题。

2

不要经常让女孩感觉失望。有的爸爸妈妈为了让女孩达成某个目标，完成某个任务，常常会对她做出一些许诺，可是等女孩达成了预期目标、完成了预期任务，并充满期待地要求爸爸妈妈兑现当初的许诺时，却遭到拒绝，这难免会让女孩感觉十分失望。在这种情况下，她不仅会生气发脾气，还会怀疑爸爸妈妈的诚信。所以，爸爸妈妈应当避免做一些不切实际的许诺。为了不让女孩失望、生气，平时在她面前要力争做到"言而有信"，只要承诺过的事情就要努力去实现，如果确实有特殊原因无法实现，也要对女孩解释清楚并给予一定的补偿。

3

　　不要让女孩感受到爸爸妈妈的坏脾气。爸爸妈妈的一言一行都在不知不觉地影响着女孩，如果爸爸妈妈遇到不顺心的事情就喜欢发脾气，夫妻间也经常为了鸡毛蒜皮的事情吵得面红耳赤，那么女孩必然会受到很多不良影响，她会很自然地模仿这种以生气来发泄心中不满的办法，情绪也会变得越来越不稳定。为了教出情绪稳定的女孩，爸爸妈妈平时还是应当注意自己的言行举止，并不断提升自己的修养，调节自己的情绪，尽量不要在女孩面前表现出暴躁、易怒的一面。

▶ 整天闷闷不乐

有的女孩感情非常细腻、敏感，很容易受到外界影响出现情绪低落、闷闷不乐的情况，她不善于向别人表达和倾诉，常常会把想说的话放在心里。对于这种情况，爸爸妈妈应当细心观察、及时发现，并对女孩做好开导工作，使她尽快摆脱闷闷不乐的状态，而不被负面情绪影响了正常的身心发展。

1

鼓励女孩说出自己的感受。在女孩闷闷不乐的时候，爸爸妈妈不妨与她好好地聊一聊，听一听她的感受，找一找她不开心的原因。有的内向的女孩用言语表达感受可能有困难，爸爸妈妈可以鼓励她把不开心的事写在纸上，然后爸爸妈妈也用"小纸条"对她进行回复。这种你来我往的书信交流方式不仅会让女孩感觉新鲜、有趣，帮助她舒缓坏情绪，还能增进感情。

2

分担她的问题，并提供帮助。让女孩闷闷不乐的原因是多种多样的，有时就是一些不起眼的小事。即便如此，爸爸妈妈也要认真地对待女孩不开心这件事情，切不可武断地对她进行批评、指责。爸爸妈妈应当耐心指导女孩，把自己的看法告知女孩，让她以此为参考，想办法解决困扰她的问题。在困扰女孩的问题凭她个人的能力无法解决的情况下，爸爸妈妈还要提供必要的帮助。比如女孩闷闷不乐是因为在学校受到了同学的欺负，爸爸妈妈可以在全面了解情况之后，及时与老师沟通，共同探讨处理的办法。

3

打造积极、快乐的家庭氛围。家庭氛围对于女孩的情绪变化能够产生深远的影响。在积极、快乐的家庭氛围中，女孩的身心会处于放松的状态，她能够感受爸爸妈妈的关爱而心情舒畅，出现情绪低落、闷闷不乐的情况会很少。相反，如果家庭氛围过于紧张、严肃，缺少欢声笑语，爸爸妈妈对女孩要求严格，亲子间缺乏愉快的情感交流，时间一长，女孩就会形成将不开心的事藏在心底的习惯。

4

用幽默为女孩带来欢乐。幽默可以称作是快乐的助推剂，爸爸妈妈不妨学习一些幽默教子技巧，比如放下"威严"和"身段"对女孩讲几个小笑话，说几句俏皮话，做几个好笑的动作，等等。这样在女孩闷闷不乐的时候，爸爸妈妈幽默的言行不仅可以把她逗得开心大笑，让她的坏情绪烟消云散，还可以加强亲子关系，使她更加乐意与爸爸妈妈沟通。

爱抱怨就不可爱啦

　　有的女孩遇到不顺心的事情，总是习惯把责任推卸给别人或是归咎于某些客观理由。她整天不停地抱怨这个、抱怨那个，这样不仅不利于良好性格的养成，也无法培养负责任的态度，使她遇到问题总是喜欢先找借口，而不是去寻找解决问题的办法，这对于她的成长显然是十分不利的。

　　那么爸爸妈妈怎样做才能让女孩停止抱怨，并养成负责任的人生态度呢?

1

　　先倾听再安慰。对于女孩的抱怨，认真倾听要比急于抚慰更能奏效。在倾听的时候，爸爸妈妈可以了解女孩抱怨的原因。在这个过程中，爸爸妈妈即使觉得女孩的想法不对，也不要急于发表意见，爸爸妈妈只要适时地点点头，表示自己一直在认真地听就足够了。这种倾听对于女孩来说也是一个宣泄负面情绪的好机会，等她在诉说中将自己的不满通通发泄出来之后，可能她不需要爸爸妈妈的安抚，心情就会自然而然地变好了。

2

　　引导女孩接受已经发生的事情。在女孩开始不断抱怨某个问题的时候，爸爸妈妈还可以引导她努力接受已经发生的事情。爸爸妈妈不妨这样对女孩说:"你现在一味地抱怨，也不可能让已经发生的事情有所改变，反而影响了自己的好心情，还不如想想解决问题的办法。"通过爸爸妈妈及时的引导，女孩会逐渐学会将眼光向前看，而不会过度执着于已经发生的事情，这样才不会产生过多的负面情绪。

3

　　鼓励女孩看到事物的积极方面。女孩总是喜欢抱怨，这往往是因为她看问题时习惯于关注事物的消极方面，却忽略了很多积极的因素。这个时候爸爸妈妈要做的就是转变她的视角，让她学会从乐观的角度看问题，多看事物的积极方面。比如女孩讨厌下雨天，觉得天气阴沉沉的，而且在路上行走也很不便。在她开始抱怨的时候，爸爸妈妈就可以提醒她下雨天可以打她喜欢的小花伞、穿上漂亮的小雨鞋，而且还可以玩踩水坑之类的游戏，别有一番趣味。爸爸妈妈可以经常进行这样的引导，时间一长，女孩的态度就会改变，动辄抱怨的情况也会大大减少了。

4

培养女孩的责任感。在现实生活中，有的爸爸妈妈因为溺爱孩子，事事为她代劳，使她没有机会做一些力所能及的事情，也就失去了对自己的行为负责的机会。长此以往，她的责任感会有所欠缺，总觉得某些事就应该由爸爸妈妈负责，一旦出了错她就连声抱怨。对于这种情况，爸爸妈妈应当及早重视，要教会女孩自己的事情自己负责，不要找借口逃避惩罚。只有这样，女孩才能认识自己的问题，并逐渐停止抱怨，积极想办法解决眼前的问题。

▶ 常常感到害怕

随着女孩逐渐长大，她接触的新鲜事物越来越多，参与的活动、获得的体验也更加丰富，但随之而来的就是害怕的情绪会逐渐增多。引发这种害怕情绪的，不仅仅包括一些具体的事物或人，还包括影视、书籍、画册中一些虚构的形象以及女孩想象中的疼痛、健康问题等等。在女孩感觉害怕的时候，爸爸妈妈应当及时对她进行心理疏导，以免在她心中留下恐惧的阴影，使她变得胆小、畏缩，甚至还会出现某些心理疾病。

1

　　帮助女孩正确认识让她害怕的对象。女孩感到害怕，主要原因是她的知识经验还很有限，对于陌生的事物难免会产生困惑和畏惧。对此，爸爸妈妈要想办法帮她认识这些事物，从而适当减少她的恐惧。比如女孩第一次打针时非常害怕，爸爸妈妈就可以给她解释打针是为了治疗疾病，使她恢复健康。爸爸妈妈平时还可以购买医疗器械玩具送给女孩，让她试着扮演医生的角色，为自己的玩具娃娃打针。当她逐渐熟悉之后，对于打针的恐惧感也会有所减轻。

2

不要经常吓唬女孩。很多爸爸妈妈平时喜欢吓唬女孩，动不动就瞪大双眼、做出恐怖的表情对她说："你不听话，就叫 XXX 把你抓走，XXX 专抓不听话的小孩！"女孩被吓到之后，会变得老老实实、不哭不闹，但长此以往，她也会变得胆小、容易害怕，而且过度惊吓还会增加她的精神压力，危害她的身心健康，让她出现失眠、做噩梦等不良反应。所以，爸爸妈妈应当坚决避免吓唬女孩，在教育她的时候还是要坚持循循善诱、讲清道理的原则。

3

在女孩害怕时不要责备或嘲笑她。在女孩感到害怕的时候，爸爸妈妈不要用这件事来开玩笑，否则不仅会伤害她的自尊心，还会增加她的焦虑感。另外，爸爸妈妈也不要用指责、批评的语气来对待这个问题，如骂女孩是"胆小鬼"，强迫她不许哭，等等，这只会让她变得更加惊恐不安。总的来说，爸爸妈妈应当尽量保持态度平和，耐心地给女孩一些安慰，使她能够获得安全感。

4

帮助女孩驱散害怕情绪。为了帮助女孩摆脱害怕情绪，爸爸妈妈还可以教给她一些自我安慰的办法。比如让她随身带着她最喜欢的一件玩具、一个小饰品等等这些她熟悉的东西，给她一定的抚慰。再如爸爸妈妈可以鼓励她用她害怕的"怪物"等为主角编个小故事，在故事中，女孩成了勇敢的小英雄，而"怪物"也被成功地赶走了。这样她就能够增添几分勇气，而不会总是害怕一些虚构的形象了。

心里烧着一团嫉妒的火

嫉妒是一种常见的负面情绪，有的女孩可能很小的时候就会出现这种情绪。她可能会对外貌、学习成绩、交际能力等任何一方面比自己强的同学、朋友甚至是陌生人怀有怨恨、排斥、敌对的心理状态。在嫉妒他人的同时，女孩自己的内心也一直处于痛苦、压抑之中，爸爸妈妈如果不能及时为她排解，这种情绪就会严重损害她的心理健康，而且还会影响她人际交往的能力。

爸爸妈妈可以从以下几点着手来化解女孩心中的嫉妒，让她变得乐观、开朗起来：

1

提醒女孩停止一些无谓的比较。爱嫉妒的女孩平时总喜欢与他人进行各种比较，可有的时候，她的关注点集中在一些没有实际意义的比较上，比如别人的外貌比她更美丽，别人使用的物品比她的更昂贵，等等。对于这种情况，爸爸妈妈应当及时提醒女孩，可以这样告诉她："世界上总有人比你拥有更多、更好的东西，在这样的较量中，没有人能够永远获胜。"通过这样的方式教育女孩与其为了这种无谓的比较而嫉妒、痛苦，还不如把精力放在自己拥有的东西上，让自己变得充实、快乐起来。

2

培养女孩洒脱大方的心态。爸爸妈妈平时还应注意培养女孩洒脱、大方的心态，使她能够平静地接受自己在某方面不如别人的事实。比如在女孩的考试成绩不如同学好的时候，爸爸妈妈就可以教她洒脱地看待这个问题，大方地说上一声"没什么，我下次会更努力"。这样不但可以帮助她放松情绪，减少嫉妒出现的可能，而且还能使她的态度变得更加积极，使她今后能够更加从容地应对人生中可能遇到的许多问题。

3

把嫉妒转化为进步的动力。当女孩陷入嫉妒他人的痛苦中的时候，爸爸妈妈除了帮她调节情绪外，还可以适时地激发她的竞争意识，想办法把有害的嫉妒转化为有益的动力，这对女孩的成长和进步是很有好处的。比如女孩嫉妒学习好的同学，爸爸妈妈就可以帮她分析她之所以比不上别人的原因，告诉她如果能够从现在开始集中精力并采用正确的学习方法，在学习上就能够追上对方，甚至还可能超越对方。通过爸爸妈妈的悉心引导，女孩就会把精力投入到课业中去。在她努力学习并取得进步后，嫉妒的情绪也就会逐渐消散了。

多愁善感的玻璃心

多愁善感的女孩常常会为一些小事伤感、忧愁、流泪，她的感情十分细腻、脆弱，遇事常常思虑过多，容易把简单的事情复杂化；而且她往往也十分敏感，很可能因为别人随口说的一句话或无意表现出来的举动而感觉受到了伤害，成了名副其实的"玻璃心"女孩。

对于多愁善感的玻璃心女孩，爸爸妈妈可以从以下几方面入手对她进行开导：

我真可怜，没有朋友。

①

你的思路有问题，这道题应该……

唉，老师是不是觉得我笨。

②

你怎么了？

唉，没有人喜欢我。

谁说的，你是爸爸妈妈最爱的小天使。

④

③

1

在沟通中与女孩达到情感的共鸣。首先要注意了解和尊重她的所思所想。随意地批评她或对她表现出厌恶的情绪，只会让她的"玻璃心"受到更加严重的伤害。爸爸妈妈应该努力去寻找女孩的情感关注点，语气温和地安慰她，让她明白爸爸妈妈也能体会到她的想法，能够和她达到情感上的共鸣。这样她就会发现自己并不是在独自忧愁、感伤，心情也会渐渐平复。

2

提醒女孩多多关注眼前的生活。对她进行理性、科学的教育，使她的注意力转移到眼前的生活中来，不会要为一些与自己关系不大的事情落泪叹气。比如女孩为了影视作品中主人公的遭遇伤感不已，爸爸妈妈就要提醒她那只是编剧的艺术创造，并不是真实的生活，而女孩要做的是把握当下的美好幸福生活。通过这样的引导，女孩就能够逐渐学会理智、冷静地去看待类似问题，而不会莫名地感觉忧愁难过了。

3

用欣赏的语气称赞女孩。多愁善感的女孩很害怕会遭到别人的否定，所以她常会为别人的无心之语伤心难过。对于这种情况，爸爸妈妈要注意多给她一些鼓励，多从她身上的一些优点入手，并经常用欣赏的语气称赞她，使她充满自信不再会受到别人的一些言行的影响。同时，爸爸妈妈还要注意细心观察她的才能所在，并适当地创造机会让她可以尽情地展示自己的才能，使她能够获得更多人的称赞，这样她就会逐渐变得开朗、积极起来。

第七章
Chapter 7

别以为女孩子好欺负

- 我会保护自己
- 我长着一张好骗的脸吗
- 不给陌生人开门
- 我才不上电话诈骗的当
- 应对勒索要机智一些
- "网友见面"也要注意安全
- 给我的个人隐私"加把锁"
- 对待性骚扰要勇敢一些

▶ 我会保护自己

　　女孩慢慢长大了，很多时候需要独自面对很多人和事，爸爸妈妈不可能24小时陪在她的身边保护她。为了降低安全风险，减少意外发生，爸爸妈妈平时应当多对女孩进行安全意识的教育，并教给她自我保护的方法，使她能够机警地发现周遭的危险，并能够冷静沉着地想出对策让自己脱险。

1

提醒女孩时刻将安全问题放在第一位。爸爸妈妈应当经常对女孩进行安全意识教育，反复对她强调安全的重要性。为了帮助她深化认识，爸爸妈妈平时可以从网络、电视、报刊等渠道搜集一些安全小故事，和女孩一起阅读、一起分析，让她明白现实生活中风险无处不在，需要时时处处小心谨慎，不对外人随意透露自己的个人信息、家庭信息，不单独与陌生人外出，不单独乘坐电梯等细节都应当牢记在心。有了这样的安全意识，女孩的自我保护能力也会逐渐提升。

2

锻炼女孩的冷静处理问题的能力。在遇到突发事件的时候，女孩容易因为惊慌失措而失去理性的判断，以至于做出了错误的决定，导致出现危险。比如女孩遇到坏人拦路的时候，不知道呼救，也不会想办法脱险，而是不知所措地哭起来，这样就很容易发生危险。所以爸爸妈妈一定要教会她遇事要学会冷静，学会思考，平时还可以多做一些这方面的训练，设想一些可能发生的危险情景，让女孩想想应对的策略，以便她在真正遇到危险时不会盲目行动。

3

教会女孩随机应变的自保方法。自我保护的方法有很多，爸爸妈妈可以试着与女孩一起来思考和探讨。对于同一件事情，要根据当时的实际情况随机应变，以找到既不会给自身带来伤害、又能快速脱离危险的最佳方法。比如在外面遇到坏人的时候，女孩可以想办法逃跑，在无法逃跑的时候还可以大声呼救。为了引起路人的注意，还可以故意打破玻璃，制造巨大的声响，等等。

需要提醒的是，爸爸妈妈一定要让女孩清楚地意识到：为了保护自己，平时的一些规章和禁令都是可以打破的。像女孩平时受到的教育是不能说谎，但是在面对坏人的时候这个禁令就可以打破。女孩完全可以用巧妙的谎话将坏人吓走；还可以假意配合坏人，然后伺机逃脱。这种自我保护的方法更加安全，也更加智慧。

我长着一张好骗的脸吗

为了提升女孩的自我保护意识，爸爸妈妈平时还要多对她进行防拐骗教育，使她能够提高警惕性，轻松识破骗子和一些粗浅的骗术，从而能够最大限度地降低危险发生的可能。

1

不厌其烦地对女孩反复强调防拐骗细节。想要让女孩建立防拐骗意识，爸爸妈妈要有足够的耐心，不断对她灌输一些要注意的安全细节。比如"陌生人的东西不能要""不轻信陌生人的话""不随意和陌生人离开"等等。通过不断的重复，女孩就会在心中形成比较强烈的认识，在遇到类似的情况时，她马上就会想到爸爸妈妈曾经告诉过自己的话，继而就会对骗子产生怀疑和戒心，而不会乖乖地接受骗子的摆布。

2

通过多种方法帮助女孩提升防拐骗意识。除了口头的宣讲教育外，爸爸妈妈还可以采用各种各样的形式对女孩进行防拐骗指导，比如可以从报刊中整理一些防拐骗小故事，和女孩一起学习；可以和女孩一起模拟演习，即由爸爸或妈妈扮演"骗子"的角色，让女孩练习如何摆脱骗子，安全脱身；此外，对于年纪小的女孩，爸爸妈妈还可以给她讲一讲防拐骗童话故事，念一念防拐骗儿歌，这样女孩理解起来会更加容易。

3

教给女孩一些必要的防拐骗技巧。爸爸妈妈还可以教给女孩一些防拐骗的技巧，比如事先和女孩约定一个独特的暗号，这个暗号既可以是数字，还可以是某种物品的名字，等等，而且只能是爸爸妈妈和女孩才会知道的密码。如果遇到骗子假冒熟人，想要接近女孩，女孩就可以要求他／她说出这个暗号，如果说不出来，女孩就能立刻识别出骗子的真面目。由于这样的"暗号"非常重要，所以爸爸妈妈还要注意经常更换，以防暗号泄密引起危险。

除此之外，爸爸妈妈还应要求女孩牢记一些重要的信息，如家庭详细住址、家里的电话号码、爸爸妈妈的手机号、工作单位等等，但是在要求女孩牢记的同时，也要提醒她不能将信息随意向外人泄露。爸爸妈妈还要教会女孩遇到紧急情况可以拨打报警电话110，向警察叔叔求助。总之，只有平时多下功夫，才能做到防患于未然，让女孩能够安全、快乐地成长。

不给陌生人开门

　　女孩独自在家的时候，可能会遇到不法分子假扮熟人、快递员、外卖员工、推销员、水电工等等来敲门，如果女孩贸然为陌生人开门，就可能造成危险。为了预防此类情况发生，爸爸妈妈平时要提醒她提高警觉性，单独在家时一定不能给陌生人开门。除此以外，爸爸妈妈还可以教给女孩一些自我保护的技能。

1

提醒女孩关好门窗。女孩一个人在家时，爸爸妈妈要提醒她关闭所有的门窗，包括院门、房门、防盗门、纱窗、玻璃窗等等。为安全起见，最好把防盗门的防盗链也一并挂好，并从内反锁防盗门。如果遇到有人敲门的情况，女孩也不要慌张，可以先弄清是谁。如果是陌生人，那么不管他自称是谁，都不能给他开门。如果遇到突然停电，女孩不要急于开门检查情况，应当先打电话给物业报备，然后在家中耐心等待。

2

提醒女孩机智应对不法分子。如果陌生人在门外迟迟不走，女孩可以采用巧妙的方式来应对，如可以假装爸爸妈妈在家，大声喊"爸爸妈妈，有人找"，这样可能会让不法分子信以为真，将其吓走；如果不法分子想要打探家中是否真的有大人，女孩也不要直接透露爸爸妈妈不在家的信息，可以告诉对方"爸爸妈妈马上就会回来"等等。

3

提醒女孩利用电话向外界求救。爸爸妈妈平时应当在家中准备一个紧急电话号码簿，其中包括了值得信任的亲朋好友的电话以及物业、邻居的电话等等，并提醒女孩在危急时刻拨打这些电话。这样如果遇到不法分子想要用撞门、撬门等手段强行进入的时候，女孩就可以立刻打电话求救，比如给爸爸妈妈或住得近的亲戚、朋友打电话求救，也可以向邻居、物业打电话，另外还可以拨打110电话报警。在打电话的时候女孩可以把声音放大一些，让不法分子能够听见，这样也有可能将其吓跑。

我才不上电话诈骗的当

现在拥有手机的女孩越来越多，爸爸妈妈要注意提醒拥有手机的女孩预防来电、短信等各种新型诈骗形式，避免她接到诈骗电话、短信后，因为不懂如何分辨真伪而落入了骗子的圈套，造成不小的损失。

1

提醒女孩不要轻信中奖类的短信、电话。电话、短信通知中奖，并要求缴纳手续费、税金才能领取奖品或奖金，是一种比较常见的诈骗手段。女孩如果轻信这类信息，就会上当受骗，造成经济损失。为此爸爸妈妈平时应当多搜集一些这方面的新闻素材，对女孩进行防骗教育，使她明白天下没有免费的午餐的道理。如果收到了中奖电话、短信，女孩一定要仔细核实，看看自己是否参加过这个活动。而且爸爸妈妈要提醒女孩中奖是不需要缴纳手续费的，所以凡是要求汇款的中奖信息一定是骗局。

2

提醒女孩对陌生号码提高警惕。女孩接到陌生号码来电，一定要提高警惕，特别是开口便是"猜猜我是谁"这类想要冒充同学、朋友行骗的电话，更应该直接挂断了事。有时还可能会遇到亲人、朋友的电话暂时打不通，刚好骗子以他们的名义宣称"有急用"，借以索取钱财的情况，这时女孩一定要保持冷静，不要受骗子的误导，而是应当努力通过别的方式联系到亲人、朋友，弄清相关情况，让骗子的骗术无所遁形。

3

提醒女孩不要接受"客服"诱导。有的骗子还会假扮淘宝客服、银行客服等，欺骗女孩按照他们的指示在手机、ATM 机上进行操作，借以诈骗钱财。对此爸爸妈妈也要对女孩进行教育，让她不要相信所谓的"客服"，更不能随意输入密码、提供验证码等敏感操作。如果感觉确实不放心，可以自己拨打银行客服电话、淘宝客服电话等进行核实，以减少被骗的风险。

4

提醒女孩不要随意点击短信上的陌生链接。随着手机智能化的提升，各种病毒也是层出不穷。女孩如果不慎点开了一些陌生的短信链接，就可能让手机误中病毒，为骗子盗取手机内的重要信息提供了方便。平时爸爸妈妈要提醒女孩慎点陌生链接，同时还要给手机安装杀毒软件。这样不仅可以拦截来历不明的号码、短信，还能拦截、删除各种病毒，减少上当受骗的可能。

应对勒索要机智一些

我现在只有5块钱，剩下的钱都在教室，我可以去取。

把你身上的钱交出来！

你们要干什么？

①

②

那行！赶快去拿，我们在这里等你！

你慢慢说，到底是怎么一回事啊？

老师，有几个坏人问我要钱！

我骗她们去教室拿钱，她们还说要在校门口等我……

你做得很对，这件事交给老师处理，你放心去上课吧。

③

④

　　为了增强女孩的自我安全防护能力，确保她的健康安全成长，爸爸妈妈平时应当教会她应对来自某些高年级同学、社会上的小混混的敲诈勒索等非法行为的方法。如果遇到这种情况，爸爸妈妈可以提醒女孩注意做到好以下几方面：

1

不能有惧怕心理。爸爸妈妈首先要注意从心理上打消女孩对不法分子的恐惧感，以免她被对方的嚣张气焰吓倒，乖乖拿出自己的财物，然后出现第二次、第三次……更多的受害经历。为此，爸爸妈妈一定要告诉女孩不要有心理负担，要坚信爸爸妈妈、学校、社会会向她提供保护，从而使她有足够多的勇气同不良行为作斗争。

2

避免与不法分子发生正面冲突。女孩毕竟势单力薄，在遇到不法分子时，为了避免受到伤害，应当以安全为前提，采用迂回的斗争手段和方法。比如女孩可以假装同意不法分子索要财物的要求，然后找机会逃跑或呼救，并寻找学校、公安机关帮助，向他们反映情况，提供不法分子的信息等，让不法分子得到应有的惩处。在此期间，爸爸妈妈也要给予女孩充分的支持，必要时可以接送她上学、放学，使她有充足的安全感，避免受到过多的刺激。

3

克服虚荣、攀比心理。女孩之所以会成为不法分子的目标，可能是因为平时表现得出手阔绰、花钱大手大脚，从而吸引起了不法分子的注意。所以爸爸妈妈应当提醒女孩，在外不要随意炫耀自己的家境，也不要出于虚荣心理暴露自己的财物，或穿着价格较高的名牌服装，或经常购买零食、饰品、玩具，等等，以免给自己招来麻烦和伤害。

4

下课后不随意外出，放学后尽早回家。不法分子常常会盯上一些在下课后随意进出学校、放学后独自在外游荡的女孩，将她们视为敲诈勒索的对象。所以爸爸妈妈应当对女孩做好监督工作，督促女孩放学后尽早与同学结伴回家，避免一个人去一些偏僻的地方。另外，爸爸妈妈还应经常与老师联系，以掌握女孩在校学习的动向，避免出现下课后女孩偷偷溜出学校的情况，以便将危险降至最低。

▶ "网友见面"也要注意安全

随着互联网的蓬勃发展，女孩通过网络聊天交友的情况越来越普遍。与网友的交往丰富了女孩的课余生活，在一定程度上提升了她的人际交往能力，但同时也存在不少隐患。毕竟隔着网络很难确知对方的人品、素质，特别是对于缺乏处世经验的女孩来说，很容易对网友产生过度的信任，并随意答应网友线下见面的要求，由此会造成很多安全问题。

对于网络交友和与网友见面的问题，爸爸妈妈应当提醒女孩理性认识、正确对待，并注意做好自身的防范工作。

1

对女孩上网的情况给予关注和了解。爸爸妈妈即使平时工作再忙，也要留出足够的时间与女孩沟通和交流，并从自己的人生经历出发，给予她一些必要的指导。就像女孩在网上交友的时候，爸爸妈妈可以帮她适当地把把关，可以从朋友的角度出发，给她一些辨人识人方面的建议，使她不会因为网友几句暖心的话语就盲目地信任对方。同时爸爸妈妈也要提醒女孩网络是个虚拟的世界，无论是姓名、性别、年龄等资料都是可以随意填写的，所以网上交友时一定要保持几分戒心。

2

不要对女孩上网的行为粗暴地干涉。有的爸爸妈妈一看到女孩上网，或者是听说女孩要去见网友，就暴跳如雷，对女孩大加责骂，有时还会做出改掉开机密码、剪掉网线之类的过激行为。这样做常常会激发女孩的逆反心理，使她故意与爸爸妈妈对着干，严重时甚至会离家出走，或到网吧上网，由此造成的危害更是难以估计。所以，爸爸妈妈在教育女孩时要多讲道理引导，避免粗暴干涉。

3

确保在安全的时间和地点见面。女孩如果非常渴望与网上结识的朋友见面，爸爸妈妈也不必一味阻止，可以告诉她一些重要的安全注意事项。比如一定要确保在繁华的公共场合与网友见面，而不要选择一些偏僻无人的地方，时间也应该选择在白天，坚决避免在夜晚外出，以免发生危险。

4

避免女孩单独与网友见面。除了时间、地点因素外，爸爸妈妈还应提醒女孩一定不能单身前去赴约。为了提升安全性，在征求女孩的同意后，爸爸妈妈可以一起陪同前往。如果女孩觉得这样比较不便，爸爸妈妈也可以在不远的地方观察。女孩也可以叫上几个亲密的朋友，一同前去，这样不仅更加安全，而且也能够化解网友初次见面的尴尬气氛。

▶ 给我的个人隐私"加把锁"

个人隐私指的是个人拥有的，不愿为他人公开或知悉的秘密，包括电话号码、家庭关系、日记、信件、住宅地址、通信秘密、账户密码等诸多重要信息。如果个人隐私发生了泄露，就有可能给不法分子提供可乘之机，轻则会受到各种电话、短信骚扰，重则资金会被盗刷、身份会被盗用，使自己蒙受的损失。因此，爸爸妈妈应当提醒女孩注意保护自己的个人隐私。

1

不随意向别人泄露自己的个人隐私。爸爸妈妈应当提醒女孩必须时刻注意保护自己的个人隐私，别人想要打听隐私的时候，应当坚决予以拒绝。哪怕是对同学、朋友，也不要随意地敞开心扉将自己的隐私尽情吐露。因为并不是所有人都具有保守秘密的能力，有的同学、朋友可能会将女孩的隐私告诉更多的人，结果导致女孩的隐私泄露。总之，女孩一定要注意增强自我保护的意识，给自己的隐私"上把锁"。

2

管理好包含隐私的物品。爸爸妈妈还要提醒女孩管理好包含个人隐私的物品，像信件、日记等都应该妥善保管在自己觉得安全的地方，以免被别人翻看，而且爸爸妈妈自己也要注意，未经女孩同意不能偷看她的个人隐私物品。另外，身份证复印件，带有姓名、地址等重要信息的快递包装等，也应当妥善处理，切勿随意乱丢。如果这些物品被不法分子找到，就可能被其利用造成损失。

3

严防个人隐私在网络上泄露。爸爸妈妈要提醒女孩在上网时也要注意保护自己的个人隐私，比如注册一些论坛、游戏网站时，不要将资料信息填写得十分具体，可以对敏感信息进行隐藏处理；在朋友圈、QQ空间、网盘中不要上传一些比较私密的照片，对于已有的信息也要设置好"拒绝陌生人分享"，以免自己的隐私被陌生人窃取；另外，爸爸妈妈要提醒女孩不要随意添加陌生人为好友，外出时也不要随意答应陌生人扫二维码之类的要求。此外，手机、电脑上还要注意安装杀毒软件、网购保护软件，以避免个人信息遭盗取，给女孩带来不必要的损失。

对待性骚扰要勇敢一些

近年来，针对女孩的性骚扰案件层出不穷，性骚扰不仅严重危害女孩的身体健康，还会让她感觉恐惧、困惑、痛苦，对她的性格形成造成无法弥补的

伤害。对于性骚扰问题，爸爸妈妈一定要引起警惕，应尽早教育女孩防范性骚扰的有效方式，让女孩能够健康成长。

1

告诉女孩什么是"性骚扰"。爸爸妈妈一般很少会在女孩面前谈论与"性"有关的话题，这对于预防性骚扰来说是非常不利的。女孩如果没有学会分辨性骚扰行为和正常的爱护行为，受到侵害的风险就会加大。所以爸爸妈妈应当多花些功夫，不仅告诉她别人对她做出什么样的行为是错误的，应当立即制止，而且还要提醒她，即使是非常熟悉的亲戚、邻居、朋友等等，也不可以单独带她去隐秘的地方触摸、拥抱或亲吻她。这样的教育，有助于提升女孩的警惕性，

降低她受到性骚扰的可能。

2

教女孩勇敢地拒绝性骚扰。遇到性骚扰时，如果女孩忍气吞声，就会让侵害者更加得意猖狂。因此爸爸妈妈要告诉女孩面对性骚扰时要勇敢、大声地拒绝。比如在公共场所，可以大声斥责对方，引起周围人的注意，侵犯者的气焰就不会那么嚣张了；另外女孩还可以向身边值得信任的成年人呼救，或立即拨打110电话报警，以确保使自己免遭侵害。

3

教女孩有效远离性骚扰。女孩外出时为了避免遇到性骚扰，要注意不要单独去人烟稀少的地方，上学、放学也要结伴而行；如果要乘坐公共汽车、地铁，要注意不要选择过于拥挤的车辆，而且在上车后应尽量选择站或坐在年长女性乘客身边。另外，爸爸妈妈要提醒女孩不要随意接受邀请，一个人到不太熟悉的朋友、同学家做客，更不能在别人家里过夜。同时，爸爸妈妈自己也要注意不能够将年纪幼小的女孩托付给男性熟人照顾。

4

注意对女孩做好心理疏导工作。遇到性骚扰后，女孩情绪会受到严重影响，可能会出现很多负面情绪，爸爸妈妈不要忽视女孩的异常状态。如果发现她突然变得不再开朗活泼后，就要仔细问她遇到了什么事情，要注意不能用粗暴的态度对待她，以免她的心灵再度受到重创。而在女孩陈述事实的时候，爸爸妈妈应当对她自我保护的行为予以肯定，并明确告诉她这不是她的错，同时还要努力安抚她，让她明白爸爸妈妈是她可以依靠的坚强后盾。当然确有必要的话，爸爸妈妈也可以带女孩接受专业的心理辅导，帮助她尽快恢复心理健康状态。

第八章

Chapter 8

爸爸妈妈，请听听我的声音

- 能不能给我一点关心
- 请不要对我大喊大叫
- 天天唠叨，耳朵都起茧子了
- 我不是你们炫耀的工具
- 拜托！别再偷看我的日记了
- 那是你们的愿望，别强加于我
- 爸爸妈妈，我到底听谁的
- 我脸皮薄，在外面能不能留点面子
- 说句夸奖我的话有多难

能不能给我一点关心

　　女孩的健康成长离不开爸爸妈妈的关心和爱护。在现实生活中，爸爸妈妈由于工作压力大、家务繁忙或是其他原因，常常会对女孩疏于关心、态度冷漠，使她的精神需求得不到满足。久而久之，就容易导致她性格孤僻、内向，在人际交往的时候也常会出现不安全感。更值得引起重视的是，有的女孩为了吸引爸爸妈妈的注意力，还可能做出装病、故意不遵守纪律、逃课等举动，严重时还可能出现一些极端行为。

　　对此，爸爸妈妈应当经常进行自审，看看自己是不是在不知不觉中忽略了对女孩的关心。如果有这种情况就要及时改正，以免对女孩的心灵造成更加严重的伤害。

1

对于女孩的诉求要给予及时的响应。当爸爸妈妈忙于自己的事务时，很容易忽视女孩的诉求，要么就是随口敷衍两句，要么就是不予理睬，这样做会让女孩感觉受到了忽视。爸爸妈妈即使非常忙碌，对女孩的诉求也应当及时响应，认真地看着她的脸，向她解释现在不能陪伴她的原因："爸爸/妈妈现在有一件非常重要的事情要做，你稍微等一会儿，可以吗？"这样女孩一般会表示理解，心里也不会感觉难过了。

2

不要带着负面情绪与女孩相处。有时候爸爸妈妈会因为工作、生活中一些不愉快的经历而感到气愤、痛苦、难过，如果带着这些负面情绪与女孩相处，就容易表现出冷漠、不够关心的态度，让女孩受到伤害。在与女孩相处时，爸爸妈妈应当尽量忘却这些与女孩无关的不良情绪，珍惜与她相处的美好时光，对她的一举一动表现出浓厚的兴趣。如果爸爸妈妈一时无法平复情绪，就应当先独处一会儿，冷静一下，待心情好转后再与女孩相处。

3

尽可能多抽出时间陪伴女孩。一些平时忙于工作的爸爸妈妈，对女孩很可能没有做到有效、高质量的陪伴，让女孩极度缺乏安全感。为了女孩的身心健康，爸爸妈妈哪怕再忙，也要尽可能地抽出时间陪伴女孩，与她进行心灵的沟通。只有这样，才能让她变得愉快、活泼起来。需要提醒的是，这里的陪伴可不是简简单单地陪着，有的爸爸妈妈人在女孩身边，心思却在别的地方，或只顾着玩手机、平板电脑，这样是达不到有效陪伴的要求的。

请不要对我大喊大叫

在教育女孩的时候，遇到她表现不好或者不服从管教的情况，很多爸爸妈妈可能会控制不住自己的情绪，对她大吼大叫。这样做对女孩的成长没有任何好处，不但会伤害她幼小的心灵，而且有可能让她模仿爸爸妈妈的坏榜样，变得脾气越来越暴躁。大吼大叫还有可能激发她的逆反心理，让她事事故意与爸爸妈妈对着来，变得越来越叛逆。

为了女孩的健康成长，爸爸妈妈应当停止对女孩大吼大叫的做法，并且要做好自身情绪管理，这样才能更好地教育女孩。

1

在控制不住情绪的时候暂时离开。有的时候，面对女孩所犯的一些严重错误，爸爸妈妈可能很难控制住愤怒的情绪，在冲动之下就可能对女孩大吼大叫，甚至还会动手体罚，对女孩身心造成伤害。事后很多爸爸妈妈回想起来十分后悔。为了避免出现这种情况，爸爸妈妈应当学会控制自己的不良情绪，在心中怒气上涌的时候，最好暂时从女孩身边走开，找一个安静的地方，冷静几分钟后再回来。这样可以让自己的头脑变得清醒，有利于想出更好的办法来教育女孩。

2

在对女孩提要求时注意简单干脆。在对女孩提要求时，切忌啰唆、絮叨，比如有的爸爸妈妈看到女孩没有收拾好自己的衣物，就忍不住对着她大吼大叫："我跟你说过多少遍了，衣服、袜子不能乱扔！你看你像什么样子，邋里邋遢，一点都不像女孩！"这样的训斥女孩不喜欢听，也不会从内心接受并改正错误。在这种情况下，爸爸妈妈完全可以简单地说上一句："我给你5分钟收拾衣帽鞋袜，5分钟后我来看结果。"这样的指令清楚明白，还能让女孩产生一些紧迫感，她也就愿意听从并认真执行了。

3

对女孩提出批评时注意就事论事。有的爸爸妈妈在批评女孩的时候喜欢"翻旧账"，由于情绪比较激动，可能会把她以前犯过的一些错误也拿出来作为指责她的"素材"。比如爸爸妈妈大吼大叫着"我都跟你说过了……你现在又……"之类的话，这会让女孩受到很多负面暗示，使她感觉自己无论怎么努力，都会有"污点"。于是她索性自暴自弃，和爸爸妈妈内心期待的方向渐行渐远。为了确保批评有效果，爸爸妈妈应当改掉"翻旧账"的批评法，在教育女孩时一定要注意就事论事，切忌将问题无限延伸。

天天唠叨，耳朵都起茧子了

　　很多爸爸妈妈可能都有过唠叨女孩的经历。出于对女孩的关心，或是希望她能够彻底改掉某些不好的习惯，爸爸妈妈总是喜欢反反复复地在她耳边唠叨着。可事实上，唠叨的次数越多，女孩感受到的压力就越大，负面情绪也会不断累积。唠叨不仅不会让女孩按照爸爸妈妈期待的方向成长，还会影响到她性格的形成和人格的发展。

　　因此，爸爸妈妈应当停止唠叨，并采用更好的方法去教育女孩。

1

　　教育女孩要选择最佳的时机。教育女孩不能依靠一遍又一遍重复唠叨，而是要选择时机，使她的心灵受到触动，这样爸爸妈妈的教育才能起到效果。比如爸爸妈妈对不爱刷牙的女孩唠叨多次，她仍然是我行我素，让爸爸妈妈感到十分无奈。后来爸爸妈妈试着停止唠叨，尽量忽视她的这个坏习惯，只是在某天她主动刷牙的时候对她大加称赞，并指出她刷完牙后"牙齿更加白净漂亮"，让女孩感到非常开心。这样持续一段时间后，虽然爸爸妈妈没有天天唠叨，女孩却逐渐养成了早晚刷牙的好习惯。

2

　　不要低估女孩自我管理的能力。有时候爸爸妈妈之所以反复唠叨一些问题，是因为怀疑女孩无法依靠自己的力量做到某些事情或改掉某些毛病，于是常常要"碎碎念"很多遍才觉得安心。其实，如果女孩要靠着唠叨才知道该做或不该做某事，那么她就很难培养出独立意识，只会成为一个依赖爸爸妈妈的"巨婴"。因此爸爸妈妈不妨停止唠叨，试着对女孩放手，让她逐渐学会管理自己的生活和学习，会发现她并没有想象中的那么"不争气"。

3

　　让女孩自己面对自己行为的结果。对于女孩的一些坏习惯，爸爸妈妈与其不停地唠叨来督促她改正，还不如试着让她自己去面对可能出现的后果。比如女孩喜欢睡懒觉，早上起床需要再三催促，爸爸妈妈天天唠叨她，效果并不理想。后来爸爸妈妈某一天故意没有叫她起床，结果她睡过了头，不仅上学迟到挨了老师的批评，还因没有来得及吃早饭，一上午饥肠辘辘，肚子很难受。于是第二天她主动定好了闹钟，早早起了床，晚上也养成了早睡的习惯。爸爸妈妈这才意识到，原来唠叨再多次，也不如她自己认识到行为的后果来得更为有效。

我不是你们炫耀的工具

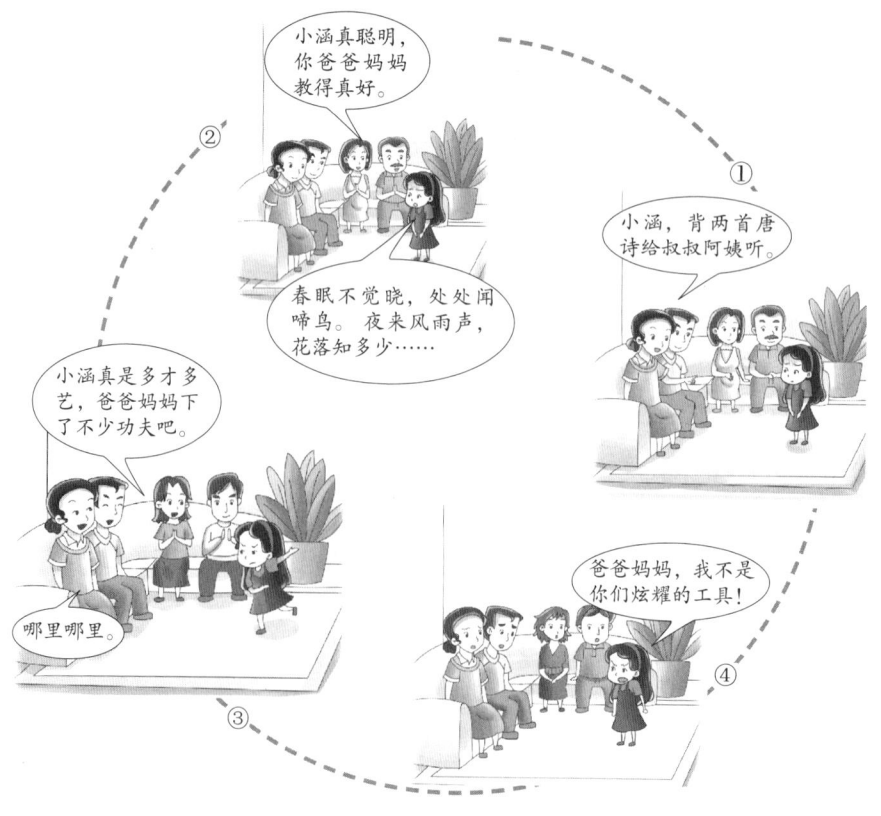

在女孩学到了一些技能、掌握了一些知识后，爸爸妈妈总是既感动又自豪的。可是有的爸爸妈妈会把女孩的进步当成是炫耀的工具，常常要求她当着众人的面展示各种才华。当她的表现获得别人的赞美时，爸爸妈妈就喜不自胜，虚荣心获得了极大的满足。殊不知，女孩自己可能不喜欢这种故意讨好他人的行为，她会感觉非常窘迫、不舒服。可当她拒绝表演的时候，爸爸妈妈又会用"没出息""胆小鬼"之类的词语来打击她，更是伤害了她幼小的心灵。

为了女孩能够健康成长，爸爸妈妈应当停止这种炫耀的行为。对于女孩是否需要当众表演的问题，则应当根据她的个性和意愿来做决定。

1

不要强迫内向的女孩当众表演。每个女孩都有自己独特的个性，有的女孩天性活泼、外向、喜欢表现，有时可能还会主动提出要表演节目，对于这样的女孩，当众表演可以成为一种促进她进步的动力；可也有一些女孩个性内向，喜欢安静，不愿意当众表演，对于这种情况爸爸妈妈要充分尊重她的意愿，因为强求内向的女孩表演，会让她感觉很是难受、厌烦，甚至还会滋生很多负面情绪。

2

女孩不愿表演的时候不要批评她。爸爸妈妈要将女孩看作是一个独立的个体，并学会换位思考，给予女孩充分的理解。在她不愿表演的时候，爸爸妈妈千万不能因为觉得"丢了面子"而对她批评、指责，或是用一些充满负能量的词语给她贴上"没礼貌""冷漠"之类的标签。这样只会惹恼她，让她的心灵蒙上阴影，甚至有可能降低她的学习乐趣，使她开始讨厌这些项目。一旦发展到这种地步，爸爸妈妈想要挽回就不容易了。

3

表演的场合、项目由女孩自己决定。要是女孩有表演的欲望，爸爸妈妈可以表示支持，但在她想什么时间表演，想要表演唱歌、跳舞或是其他等问题上，都由她自己来决定，爸爸妈妈不要做硬性的规定。在她表演期间，爸爸妈妈要认真欣赏；在表演完毕后，不要马上指出她哪里表演得不好，而应当给予她真诚的鼓励和赞美。这样才能让她从表演中获得乐趣，而减少一些抗拒的心理。

拜托！别再偷看我的日记了

随着女孩的长大，她的独立意识逐渐增强，在内心深处渴望拥有自己的一片小天地，而日记就是她用来倾诉心声、记录隐私的一个空间。对于女孩的这种心理诉求，爸爸妈妈应当给予理解和尊重。但令人遗憾的是，在现实生活中，有很多爸爸妈妈总喜欢打着"我是为你好"的旗号，千方百计偷看女孩的日记，以了解女孩的真实想法，更有甚者还会直截了当地要求检查女孩的日记。这不仅侵犯了女孩的隐私，还会让亲子间的矛盾激化，让女孩因为找不到心灵的归属地而感觉失望、痛苦。

那么，爸爸妈妈该如何在尊重女孩隐私的前提下更好地了解她的内心呢？

1

对女孩的隐私给予充分的尊重。谁都不希望自己心底的秘密被别人一览无余。爸爸妈妈要设身处地地从女孩的角度想想这种隐私被侵犯的感受，理解女孩的心情，并多给她一些私人空间。对于女孩的日记、个人信件、手机短信、QQ聊天信息等等，爸爸妈妈都不要刻意地去打探、偷窥，即使有时候非常好奇，也要在女孩面前表现得十分坦然，不要让她总是因为担心被窥探隐私而感觉惴惴不安。

2

停止对女孩的无端猜疑。有的爸爸妈妈对于女孩的成长问题过于紧张，特别是在女孩进入青春期后，爸爸妈妈更是担心她"会不会早恋""会不会学坏"等。正是因为这样，爸爸妈妈才想从女孩的日记中去"一窥端倪"，想抓到一些所谓的蛛丝马迹。可实际上，有时爸爸妈妈的担心过度了，会让女孩有一种被监视的感觉，让她觉得喘不过气来，并有可能诱发她的逆反心理。因此，爸爸妈妈应当停止对女孩的无端猜疑，多给她一些信任和理解，这样才是正确的教育方式。

3

鼓励女孩说出自己的心声。爸爸妈妈与其偷偷摸摸地去打探女孩的秘密，还不如开诚布公地与她进行沟通。当然，沟通不是一件简单的事情，需要爸爸妈妈付出长期的努力才能打开女孩的心扉，让她愿意将成长中的烦恼和困惑尽情倾诉。为了让女孩倾诉心声，爸爸妈妈平时应当关心女孩，同时也要注意不要处处管制、事事询问，可以对她遇到的困难提出建议，最终还是由她自己拿主意。通过这样的方式在家中建立起民主、轻松、愉快的氛围，女孩也就愿意与爸爸妈妈分享心事，而不是刻意隐瞒了。

4

善于学习一些新颖的沟通方式。时代在发展，爸爸妈妈的教育方式也应当与时俱进。比如在与女孩沟通的时候，可以利用一些比较新颖的方式，如微博、微信等，与女孩互相加为好友，尝试与她讨论一些流行的话题，说一些她熟悉的网络语。如此一来，所谓的代沟问题会有所缓解，女孩和爸爸妈妈之间就会无话不谈，而爸爸妈妈也不用再想办法去偷看女孩的日记了。

那是你们的愿望，别强加于我

每个人都有自己的梦想，爸爸妈妈不仅也不例外。可能因为各种各样的原因，年少时的梦想未能实现，爸爸妈妈便很自然地将梦想寄托在女孩身上，希望女孩能够回应这份期待，在自己成才的同时也能帮助爸爸妈妈"圆梦"。

可是，爸爸妈妈却忽略了一点：女孩也是有思想、有个性的个体，她也有权利去追寻自己的梦想。

因此，爸爸妈妈不应将自己的梦想强加给女孩，而是应当充分地尊重她的自主意志。

1

尊重女孩的梦想。爸爸妈妈不仅应当学会激发女孩树立远大的理想和抱负的内生动力，而且要让她知道只要努力，梦想就有可能实现。无论女孩想要成为钢琴师、歌唱家还是飞行员等等，爸爸妈妈都应当充分尊重，并顺势引导她为了实现梦想而努力提升自己的各项素质和技能。虽然女孩的梦想有时候听上去会有些不切实际，爸爸妈妈也不要急于反对，更不能讽刺，让她受到打击而不敢再"做梦"。要知道，美国宇航员阿姆斯特朗小时候就说过"我的梦想是登上月球"，而他也确实实现了梦想。所以，爸爸妈妈应当宽容一些，让女孩大胆的梦想得以自由延伸。

2

尊重女孩的兴趣爱好。每个女孩都有自己独特的性格、气质，也会有不同的兴趣爱好。爸爸妈妈应当尊重女孩的意愿，不要将自己的兴趣强加于女孩，不能因为自己喜欢什么就要求女孩也必须如此。即使在爸爸妈妈强迫下，女孩勉强同意发展这种兴趣，之后也会因为缺乏乐趣和激情，容易半途而废。需要提醒的是，对于女孩业余创作的作品，如绘画作品、书法作品、诗歌作品等等，爸爸妈妈也要给予尊重，可以提出一些有助于她提高的意见，而不能随意地用"太差了"之类的评价来打击她的信心。

3

顺从女孩的天赋。女孩在各个方面的天赋有高有低，爸爸妈妈应当顺其自然，不要将自己的梦想强加于她，逼着她完成一些力所不能及的事情。比如爸爸妈妈想让女孩成为舞蹈家，逼着她努力练习，参加考级，希望她能达到一定的水准，可实际上女孩在舞蹈方面的天赋并不高，爸爸妈妈花费了大量报班费、置装费，收效却很不理想。出现这种结果，就是爸爸妈妈不了解女孩的天赋所致。也许女孩在其他方面很有天赋，但如果爸爸妈妈不用心去发掘，就很难发现她真正的天赋所在，更谈不上科学地去培养了。

爸爸妈妈，我到底听谁的

在女孩的教育问题上，爸爸妈妈难免会出现意见有分歧的情况。有的爸爸妈妈常常会因坚持己见而争论不休，这不仅会影响和睦的家庭关系，也会让女孩的心灵受到伤害。而且，爸爸妈妈常常会让女孩接受己方的意见，这会使她不断接收到矛盾的信息，使她感受到教育上的不一致，让她变得茫然、困惑，并缺乏安全感。同时也会影响她的人格发展，对她的成长非常不利。

为此，爸爸妈妈应当学会更好地处理教育分歧问题。

1

爸爸妈妈不要完全否定对方的教育观点。爸爸妈妈因出身的不同，成长经历也各不一样，对于教育女孩都有自己认可的一套原则和方法，其中有合理的地方，也有不合理的地方，所以不应完全坚持自己的观点、否定对方的观点。更不能为了教育问题而争执不休，非要分出个对错来，那样就会偏离教育原有的意义，也会让夹在中间的女孩感觉左右为难。

2

通过沟通找到平衡点。在爸爸妈妈发生教育分歧的时候，双方应该坐下来开诚布公地进行沟通，态度要平和、坦诚，要努力减少"火药味"和对立感。要知道，大家的出发点都是为了女孩能够更好地成长，所以完全能够找到彼此都能够接受的一个平衡点。就像上述漫画里因为辅导班问题而引发的冲突，爸爸妈妈就可以认真沟通一番，找到折中的办法。如可以针对女孩薄弱的科目报1~2个补习班；利用周六的时间补习功课，让她好好学习；周日则带她外出游玩，让她得到放松和休息的机会。

3

注意听取女孩的意见。在教育的问题上，爸爸妈妈也不要把女孩排除在外，而应将她视为一个有个人意愿的独立个体，多征求、听取她的意见。同样以辅导班的问题为例。女孩希望上什么样的辅导班，可以接受多久的辅导时间，爸爸妈妈都应当多和她商量，这样最终形成的方案不仅爸爸妈妈能够认可，女孩自己也愿意执行，在上辅导班的时候也会更加用心。不仅如此，爸爸妈妈能够以平等、民主的态度听取女孩的意见，既能够让她变得更加自信、更有主见，又会让她感受到家庭的温暖、和睦的氛围，能够拥有充足的安全感，这对她的健康成长也是很有好处的。

我脸皮薄，在外面能不能留点面子

很多爸爸妈妈觉得女孩有错就应当立刻批评，不用考虑时机和场合。于是常常可以见到在大庭广众之下，爸爸妈妈毫不留情地训斥着甚至打骂着女孩，这样做的爸爸妈妈并不认为有什么不妥。但实际上，女孩其实很需要面子，爸爸妈妈当众让她没面子，只会伤害她的自尊心和自信心，特别是性格内向、敏感的女孩，更会感觉无地自容、羞愧难当，严重时可能还会影响她的心理健康，引发一些心理疾病。

因此，爸爸妈妈批评女孩一定要注意方式、方法，并要注意选择更加私密的场合。

1

不要在公共场合责备、批评女孩。为了顾及女孩的面子，爸爸妈妈要注意避免在公开场合责备、批评她。当她犯了错误或某些地方做得不够好的时候，爸爸妈妈可以忍耐一下，并控制好自己的情绪，等回家以后再对女孩进行教育。如果爸爸妈妈觉得实在有必要当场指出女孩的问题，那么也要先将她带到比较私密的场合再批评，这样就不会引起她的反感和抵触了。

2

用有技巧的暗示来代替批评。爸爸妈妈还可以试着用一些技巧来暗示女孩你做错了，比如用摇头、摆手的动作，责备的眼神，皱眉头的表情来暗示女孩停止错误的行为。像女孩外出游玩时表现得忘乎所以，不是乱跑、就是尖叫，爸爸就可以用沉默和生气的表情来暗示她。当她注意到爸爸和平时不同的表情时，就会有所感觉而注意收敛自己的行为，这样做往往会比当众对她大加指责更为有效。

3

注意批评的时间。批评除了要注意场合外，还要选择正确的时间。比如不能在吃饭的时候批评女孩，这样会影响她的食欲，可能会引起消化不良，对健康非常不利；也不能选择在睡前批评女孩，这样会让她产生心理负担而难以入眠，导致她白天精神不振、无精打采，甚至影响到正常的生活和学习。

因此，爸爸妈妈想要批评教育女孩，最好是平时注意观察女孩的问题，然后选择一个时间，一家人坐在一起开诚布公地交流。在家庭会议上，爸爸妈妈可以提出对女孩的要求，女孩也可以说出自己的心声。这样既达到教育的目的，又不会伤害女孩的自尊心了。

说句夸奖我的话有多难 ◀

爸爸妈妈一定会夸我的。

② 〔女孩在厨房烧菜〕

① 我们今天晚点回来，你要是饿了就先找点东西吃吧。

爸爸妈妈，这是我烧的菜，请你们尝尝。

看上去就不好吃啊。

③ 谁让你做菜了？多危险啊，菜刀切到手、油蹦到脸怎么办？

我做得不对吗？说句夸奖我的话有多难？

④

每个人都需要夸奖，女孩也不例外。爸爸妈妈给予她一句真诚的夸奖，可以提升她的自信心，让她的心中充满快乐、自豪和干劲，她因此会继续努力，并不断取得进步。可是在现实生活中，很多爸爸妈妈却常常忽略了这一点，总是喜欢挑剔女孩身上的问题，总是吝于说出一句夸奖的话，这对于她的健康成长无疑是非常不利的。

那么，爸爸妈妈应该如何正确地夸奖女孩呢？

1

在女孩表现出良好品格时夸奖她。在女孩成长过程中，爸爸妈妈要学会拥有一双善于发现的眼睛，在她表现出诚实、善良、谦虚、宽容等良好的品质时，及时给予她真诚的夸奖，让她能够认识到自己的行为是正确的、是值得赞许的，之后她就会信心百倍地坚持这样做，会逐渐成长为一个具备优秀品质、受人欢迎和尊重的人。

2

在女孩付出努力后夸奖她。爸爸妈妈要肯定女孩勤奋努力的精神和经努力取得的进步。当女孩愿意为达到某个目标而付出努力，当女孩掌握新的知识、新的技能，取得了一些进步时，爸爸妈妈要抓住这个良好时机顺势夸奖她，肯定她的学习精神。这样能够推动女孩学习更多的知识，获得更多提升。爸爸妈妈还要注意，在女孩遇到挫折而不够自信的时候，也可以抓住她的一些微小的进步夸奖她，使她能够摆脱不自信的状态，变得更加积极向上。

3

夸奖要真诚，有选择性、具体地。需要提醒的是，爸爸妈妈在夸奖女孩时必须发自内心，要真心实意，否则敏感的女孩马上就会察觉到夸奖是有"水分"的，对她的激励效果也会减轻。爸爸妈妈也要避免什么事情都夸，或者是说一些"你真棒""你真聪明"之类不够具体的夸奖的话，这样也很难让夸奖的作用直达女孩的内心。爸爸妈妈还应注意把夸奖的话讲得巧妙、具体一些，如"这次考得不错！你过去这段时间学习很用功！"就要比说一句"你真聪明"这样不够具体的夸奖效果好得多。